文春文庫

パンダの丸かじり

東海林さだお

文藝春秋

パンダの丸かじり＊目次

パンダの丸かじり

かっぱ巻きの時はよい時

正月は来客も多く寿司の出前を取ったりすることも多くなる。

大勢の場合は大盛り。

大きな寿司桶に色とりどりの寿司がぎっしり居並んでいる。

まさに壮観、これぞおもてなし。

ちょっとご面倒をかけますが、一応ネタの数々を並べてみますね。

イカ、タコ、マグロ、タイ、ヒラメ、アナゴ、赤貝、玉子焼き、ウニ……白、赤、茶、黄色と並んでいる中に軍艦巻きの海苔の黒、そしてビニールの笹の葉の緑。

偉観、壮観の列強が居並んでいる隅っこのほうに、一応というか、ごめんなさいというか、そういう姿勢でかっぱ巻きも並んでいる。

問題はここからです。

偉観の大桶を大勢が取り囲んでいるわけです。

そういう厳しい状況の中で、手を出すわけです、最初の一個に。

最初の一個は何にするか。

このことに悩まない人はいない。

最初の一個には全人格を賭ける、という人も少なくない。

もちろん、

「あたしってこれに目がないのよね」

などと、言わずもがなのことを言いつつ、いきなりマグロの大トロに手を出す人もいることはいる。

だが大抵の人は、全人格を賭けてかっぱ巻きからいく。

こうした大桶の中の寿司は「非難もの」と「無難もの」に大別することができる。

マグロの大トロが「非難もの」でかっぱ巻きが「無難もの」であることは言うまでもない。

かっぱ巻きに対する世間の評価は低く、大桶の中では恐らく最下位ではあるが、無難ものの代表としての地位は高く、不動である、という人も多く、そういう意味では大物ということになる。

一般的に言って、かっぱ巻きに対する世間の人の愛情は薄い。

マグロの大トロに向ける愛情に比べれば明らかに冷淡である。

だが、かっぱ巻きに手を出す人に向ける世間の人の目は暖かい。

そして、大トロに手を出す人に向ける世間の目は冷たい。

悲しいことにかっぱ巻きには家柄がない。他のネタたち、たとえばマグロなら、

「大間《おおま》の出です」

というのがある。

タイなら「瀬戸内海です」、タコなら「明石です」、赤貝は「閖上《ゆりあげ》だべ」、ウニだったら「奥尻でないかい」ということになっていくのだが、いかんせん、かっぱ巻きのきゅうりにはそういう家柄がない。

しかも、海の家柄が跋扈《ばっこ》する寿司界の中で無名の農村出身である。

ここで一つの疑問がわいてくる。

海閥ばかりの寿司の世界に、どういう縁故で陸閥のきゅうりが入り込んだのか。

かっぱ巻きと同様に扱われている寿司に干ぴょう巻きがある。

こっちも陸閥ではあるがその縁故関係は何となくわかる。

稲荷寿司つながりである。

稲荷寿司は、全部ではないが、まん中のところに帯として干ぴょうを巻いてあるのがありますね。

そのつながりじゃないかな。

帯つながりで寿司界にもぐり込んだんじゃないかな。

しかし、よく考えてみると、海閥ばかりの寿司の世界で、余所者《よそ》でありながらよくもまあ今日まで生きのびてきたことか。

よくぞ頑張った、と心から思う。

辛《つら》いこともたくさんあったと思う。

食べ手にも冷遇され、作り手にさえ冷たくあし

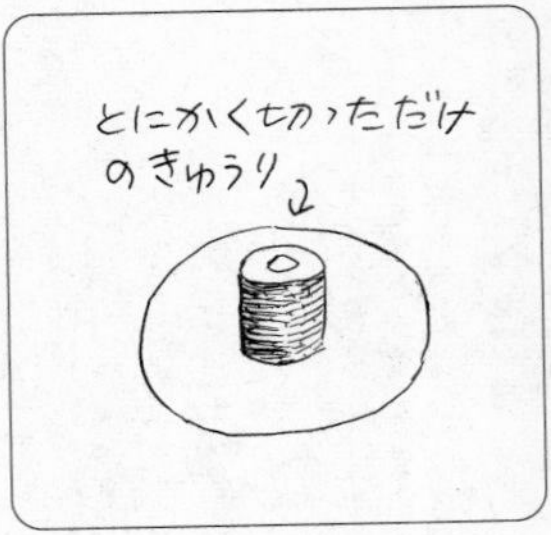

らわれてきたのだ。

かっぱ巻き以外のネタは、とことん大事にされてきた。

ネタの選定から始まり、コハダに例を取れば、包丁で切って開いて、小骨を取り、塩を振り、酢に漬け、それらを洗い流して一日以上置く。

きゅうりにそれだけの手をかけているだろうか。

ただ切っただけ。

そのあとなーんにもしてない。

きゅうりを糠漬けにしたものを巻いたらさぞかしおいしいだろうに、そういうことさえ考えない。

コハダのように塩を振ってやったか？

酢に漬けてやったか？

小骨を取ってやったか？

もう一度書くけどなーんにもしてやらない。

やっぱり冷遇としか言いようがないではないか。

きゅうりが何か悪いことをしたのか？　してないじゃないか、それなのになぜきゅうりをいじめるのだ。

きゅうりはいい奴なんだぞ。

身辺を飾らず、出自を誇らず、おごらず、高ぶらず、ただひたすら清楚、そしてさっぱりした味わい。

和して同ぜず。

そうだったのだ。

かっぱ巻きは、自分と異なる海の種属に囲まれて周りと和してはいるのだが同じてはいない。そこのところを高く評価してあげたい。

かっぱ巻きは、様々なネタの寿司を食べたあと、シメとして食べることが多い。

かっぱ巻きに至るまでのひと時《とき》は、虚栄と驕慢とひけらかしと卑屈と高価とびくびくのひと時であった。

すべて虚飾のひと時であった。そうしていま、心安らかにかっぱ巻きを食べている。

ポリポリと無心。

カリカリと無欲。

堀口大學の「夕ぐれの時はよい時」という詩を、ところどころ抜粋、改作して紹介したい。

かっぱ巻きの時はよい時／かぎりなくやさしいひと時／それは季節にかかはらぬ／それは過ぎ去った夢の酩酊／かっぱ巻きの時はよい時／かぎりなくやさしいひと時。

パンダかわいや

パンダはかわいい。

シャンシャンは特にかわいい。

この意見に反対の人はいるだろうか。

「シャンシャン憎い。シッシッ」

という人がもしいたとしたら、どんな人が、どんな顔付きで、どんな声で言うのか想像もできない。

とにかく何をしてもかわいい。

ちょっと歩いただけでもかわいいし、木に登ろうとしただけでもかわいいのに本当に登ってくれたりする。

子猫の動作もかわいいが、たとえば10枚写真を撮ると7枚がかわいいという程度だが、

シャンシャンは目のタレ具合が絶妙
ま横でもダメ！

シャンシャンは10枚撮ると10枚全部かわいい。

打率10割。

キティちゃんはかわいらしさを追求していってその極限としてあいうかわいいキャラが作られたのだが、シャンシャンは作り物ではない。

生き仏という言葉があるがまさに生きシャンシャン。

外国ではパンダは日本ほど人気がないという。

「かわいい」の文化は日本独得のものらしい。

日本には昔から「かわいいの文化」がある。

枕草子の中に、

二つ三つばかりなるちごの、急ぎて這ひくる道に、いと小さき塵のありけるを、目ざとに見つけて、いとをかしげなる指にとらへて、大人などに見せたる、いとうつくし

というくだりがあるが、この動作をこのままシャンシャンに移し換えると、シャンシャンいとおぼつかなく這いくるに、いと小さき紙屑などありけるを、目ざとに見つけ、いとおかしげなる指にとらえて首を傾《かし》げたる、などしたならば、見ている人々ことごとく思わず「かわいい」と叫ぶことになる。

かわいいと思ったときにはすでに声が出ている。

卵が先か鶏が先か、という論争があるが、シャンシャンの場合もまさにこれ、心が先か声が先か。

シャンシャンはとりあえず無心、無垢、純真、私利私欲なく、邪心、邪推なく、忖度なく、裏切りもない。

そんな小さな生き物が心もとなく、愛くるしく、あぶなっかしく動きまわればハラハラし、自分が何とかしてあげなければと思い、そして気がつけばわきあがってくる慈愛。慈愛なんて、ここ久しく味わったことのない、仏の御心《みこころ》に通じる崇高な精神になっているこのわたし、と、胸がいっぱいになり涙さえこぼれる。この境地をシャンシャンが与えてくれたのだ。

シャンシャンは偉大なり。

ここでわれわれはシャンシャンがパンダであったことを再確認しておこう。

パンダ……。

いい名前だ。確信に満ちている。

「だ」と断定しているところがいい。これがもし、パンデンネンとか、パンダべとかだったら人々は急にヘナヘナとなり、急にパンダに対する愛情が薄れるはずだ。

パという破裂音に爽快感がある。

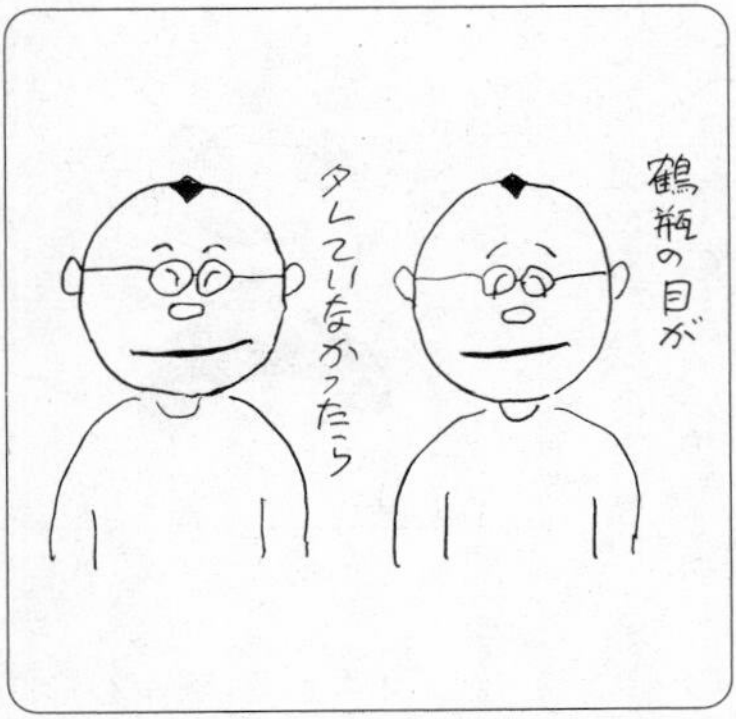

これがもし濁音だったら……。

バンダということになり、急にナマって発音しなければならなくなりやはり愛情が薄れる。

パのあとのンダも含蓄がある。

パの爽快感を好感をもって「ンダンダ」と肯定しているのだ。

念を押している堅実な態度であるということができる。

パンダは人柄がいい、ということをこれまで述べてきた。

パンダの目が
つり上がっていたら
今日《こんにち》の
隆盛は望むべくも
なかった!

名前も素晴らしい、ということもいま述べた。

パンダの徳性はまだある。

本欄のタイトルは「あれも食いたいこれも食いたい」であるが、世の中には「あれも食いたくないこれも食いたくない」という人もいてその総本家がパンダである。

飽食と美食のこの時代にありながら、パンダは食生活に贅を求めようとしない。

粗食一筋。笹一筋。

これさえあればあとは何も要りません、という健気で慎ましい理念をくずさずに生き続けているのだ。いまどき、この潰貧の理念を貫いて生きてゆくパンダ。

動物でありながらこの理念を貫いて動じることのないその生き方。

ただ無心に笹の葉をかじっているように見えるが、あれは理念を貫こうとしている尊い姿なのである。ふつうだと、笹の葉をしゃぶりながらも、そうですね、茸《きのこ》なんかをときどき箸休めに口に入れるなんてのもわるくないな、などと思って当然なのだが、パンダは節を曲げない。

実際の話、笹が生えているようなところには椎茸とか、そういうおいしそうなものがよく生えているものなのだ。

つい手が出て当然なのだ。

それらを目の前にじっとこらえているパンダ。

一度手を出したらおしまい、人間の煙草もそうだっていうし、と耐え忍ぶパンダ。

信念の熊パンダ。

パンダはなぜ笹の葉しか食べないのか。

野生動物はどうしても食べ物を取り合って争いになる。

パンダは争い事が嫌いなのだ。

平和に生きていきたいのだ。

そのために、他の動物が食べようとしないもの、争い事にならないもの、そこから選択したのが笹の葉だったのだ。

偏食家ではあるがただの偏食ではないのだ。

だけどパンダが選んだのが笹の葉だったからよかったのだ。

同じ偏食でも、これがもし松茸だったら、松茸しか食べないパンダだったら、世の中の人のパンダに対する気持ちもかなり違っていると思う。

背脂チャッチャ七草粥は？

いきなりで申しわけないが、とりあえず次の一文を読んでください。途中で飽きちゃったらひと休みしてもいいし、何なら念仏風に節《ふし》をつけて唱《とな》えてもいいです。

セリ、ナズナ、ゴギョウ、ハコベラ、ホトケノザ、スズナ、スズシロ、これぞ七草。

一月七日は七草粥を食べる日。

誰かが制定したわけではないが古来そういうことになっている。

古来も古来、平安時代からそういうことになっているらしい。

恵方巻きを食べる日は節分の日ということになっているが、こっちは全国的にはここ数年の流行《はや》り。

これから先、この流行りは何年続くか心許ないが、七草粥のほうはすでに千年。しかも廃《すた》れるどころかいまだに隆盛なのである。

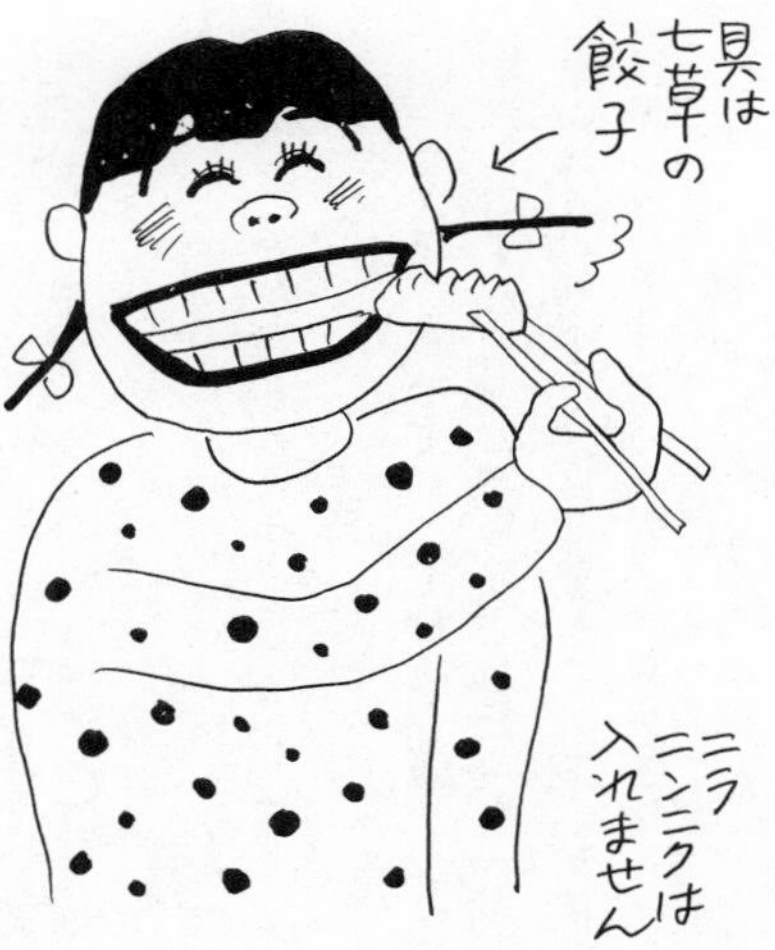

一月七日の数日前にスーパーに行くと「七草粥セット」なるものが特設コーナーにズラリと並んでいる。

ついさっき唱えた念仏がセットになって、弁当箱大のプラスチックのケースに収められて売られている。

つい主婦の手がそこに伸びるようなんですね、ヒョイと気軽に手に取ってカゴに入れていく。ちゃんと名目はあるし、手抜きにもなるし。

ここらあたりが千年も続いている理由かもしれないな。

弁当箱大のセットの内訳は草みたいなものがモジャモジャし

ていて、ようく見てもどれがセリやらハコベラやらナスビやら……ナスビは入っていなかったっけ、というぐらい見分けがつかない。

だが、ここで、

「ここにこうして、七草粥と書いてあるのだから、モジャモジャしてはいるが、しかるべき七種がちゃんと入っているはず」

と思う人と、

「あやしいな」

と思う人に分かれると思う。

「あやしいな」

と思った人は、買って帰って植物図鑑を取り出して首っ引きで調べる人と、それは面倒だから信用するほうに回ろう、と転向する人とに分かれると思う。

七草のほうも歴史と共に変遷していて、顆粒の振りかけになってしまったものもある。

永谷園のお茶づけ風の小袋にパックされていて、振ってみるとカサカサという音がする。

顆粒になってしまうと、もはや七種類の草がちゃんと入っているかどうかの確認はむずかしくなる。

カサカサという音だけで七種類を聞き分けられる人は多分いないと思う。

春の七草の人気がいまだに衰えない理由はもう一つある。

グループとして売り出した、というところ。

春のセブングリーングラスグループ。ＡＫＢ48、エーケービーフォーティーエイトとどこか似た響きがあると思いませんか。

これがもし「春の七草」ではなく、「春の二草《ふた》」だったら人気は続かなかっただろうと思う。

とっくに絶滅していたと思う。

グループの強さ。

七草粥は正直言って旨いとかまずいとかいうものではない。

正直言うとまずい。

だがグループを組むと、とたんに、グループの中のナズナちゃんが好き、という人も出てくるし、スズナちゃんかわいい、という人も出てきて、がぜんグループとしての魅力を発揮しはじめる。

だが、ここで油断してはいけない。

さしものＡＫＢ48や欅坂46の人気もいつかは衰

える。

　GG7（グリーングラス・セブン）も、このままのメンバーでいいのか。

　いまどき、個々の名前を聞いても、スズシロだとかゴギョウだとかホトケノザだとか、何のことやらさっぱりわからない。

　ゴギョウちゃんあたりはそろそろ卒業の時期に来ているのではないか。

　しかし千年もこのメンバーでやってきたこのグループ、ぼくとしては誰一人、卒業させるには忍びない。

　そこでぼくは考えました。

　メンバーは全員そのまま残す。

　そして粥というシバリを解《と》いてやる。だいたいですね、粥というものはもともと縁起のよくないものなのです。

　苦境のとき「石にかじりついても」という表現をします。

　また「たとえ粥をすすっても」という言い方をします。

　石も粥も不幸の象徴なのです。

それなのに、正月そうそう「七草粥」などと縁起でもないじゃないですか。

そこで粥をやめてスープにする。

もちろんグループは全員そのまま残します。

あれから何年たったでしょうか。

あれから、というのは、年末年始のCMとして、

「おせちもいいけどカレーもね！」

というCM、あれはキャンディーズでしたっけ、ハウスのククレカレー。

あのCMは実に新鮮だった。

正月、ちょうどおせちに飽きてきていた日本の全国民にカレーを思い起こさせたCMだった。

どうです、千年の伝統を破って「春の七草スープカレー」というのは。

スープということになるんだったら、そこに牛モツとか入れたらおいしいんじゃないかな。ラーメンのスープ風にするのもいいんじゃないかな、背脂チャッチャの濃厚スープとか。

ダメです。

七草粥の由来は、正月で荒れた胃を労《いた》わる、なんですから。

芋けんぴ・WHAT?

コンビニは日常生活に最低限必要なものを売っている。

であるからコンビニに並んでいる商品は日頃見知ったものばかりである。

珍奇なものは一つもない。

そこで質問。

「芋けんぴって知ってますか」

ぼくはこのところ、会う人ごとに、「芋けんぴって知ってる?」と訊いているのだが
「知ってる」と即答する人が五割、ちょっと考えてから「知ってる」と答える人が四割、

「知らない」と答える人が一割という結果となった。

その一割の中の一人がぼくだった。

これまでかなり長く人生をやってきたのに、国民の九割が知ってることをぼくは知ら

なにしろ一本の
さつま芋を
切っただけ
なので
うんと
長ーいのを
手に持つと
嬉しいの
うんと長ーいの
けんぴ

なかったのだ。

芋けんぴはどこのコンビニでも売られている。

それほど一般的に普及している商品をぼくは知らなかったことになる。

ぼくはこれまで相当長く人生をやってきたはずなのに芋けんぴを知らなかった。

このところ、ぼくはこのことを深く反省すべきなのか、反省しなくてもいいことなのか、そのことを迷いながら暮らしていたのだが、ある日、そのことを自分に厳しく問い質したところ、

「芋けんぴらしきものを食べたことがあるような気がするが、

そのものに正式な名称があることを知らなかった」

と、犯行の一部を認めたのである。そこで改めてコンビニに行き直し、芋けんぴなるものを購入して食してみたところ、これが大変美味であることがわかった。

美味どころか、いったん食べだしたら、もう、やめられない、とまらないのかっぱえびせん系統の食べものであることが判明した。

本当にもう、軽い気持ちで一本食べると、それがノドを通過した瞬間、指がすでに次の一本をつかんで口中に投入していて、歯がすでにそれを嚙み始めているのだった。

そして芋けんぴは、おっそろしく硬くてカチンコチンであることもわかった。

その硬さはハンパではなかった。

ぼくも最初は相手を軽く見ていて、軽く上下の歯に当てて軽く嚙みつぶそうと思ったのだが、相手はしたたかもしたたか大《おお》したたか、びくともしない。

そこで一呼吸おき、覚悟を決め、来たるべき折損《せっそん》に力を貸すべく指で折り曲げつつ、かつ、上と下の両歯に力を込めてゆくと、さしもの芋けんぴも力尽きたか一瞬全身を振動させつつボキッという音とともに嚙み砕かれたのであった。

ボキッが来る寸前の、来るぞ、来るぞ、ボキッが来るぞ、の心躍る瞬間もまた楽しいし、ボキッの瞬間の達成感も魅力に満ちている。

嚙む遊び、というのかな、人間、これでなかなか硬いものを嚙む喜びというものを知っていて、何でもかんでも「やわらかーい！」と喜んでいる昨今の連中を、やーい、やーいとからかってみせる、という冷静な面も持ち合わせているらしいんですね。

何だかぼくは急に芋けんぴのファンになってしまいました。

芋けんぴは生のさつま芋を棒状に切って油で揚げて砂糖を絡《から》めただけ。

それ以外なーんにもしていない。

芋けんぴは一応和菓子ということになっているが、和菓子というと、テレビなんかの番組で見ると手と指でこね、なで、さすり、何かを載っけたり、引っぱったりしているが、芋けんぴはそれこそナーンもしてない。

裸一貫、テラテラ光っている。

素朴、純朴、質朴。

竜馬、退助を生んだ高知は土佐が発祥の郷土菓子と言われるだけあってその性《さが》剛直、ぶっきらぼう、愛嬌はない。

さつま芋はもともと煮ても焼いても軟らかい。

その軟らかいものが、どうしてこんなにカチンコチンのカチカチに変貌するのか。

カチンコチンに仕立てあげるのか。

仕立てあげずにいられないのか。

ここでやっぱり出てくるのが〝いごっそう〟という言葉ではないでしょうか。

和菓子界のいごっそう。

いごっそうと書いて、こんな辺鄙《へんぴ》な言葉、広辞苑には出ていないだろうな、と思いつつ念のため引いてみるとちゃんと載っていました。広辞苑も最近はあっちこっちに気を使っていて、時代に合わせて扱う商品（言葉）の出し入れを行っていると聞く。

なれば、芋けんぴはどうか。

芋けんぴは扱っているのか。

これが扱ってないんですね。

仕入れた様子もない。

ただひたすら無視。

今回の七版では、世間の顔色を窺《うかが》って「がっつり」を新たに仕入れた。

最新の「自撮り」さえ仕入れた。

そしてですね、ここが本稿の大事なところなのですが、富山の「鱒鮨」と、同じく富山の「白海老」も仕入れている。

「同じ県」というところ、ちょっと気になりませんか。

だったら高知の芋けんぴのほうが先でしょうが。

「富山の鱒鮨」はコンビニで売ってるでしょうか。

「白海老」はコンビニで売っていますか。

「高知の芋けんぴ」はコンビニで売っています。

しかも常備品です。

このあたり、ヘンに気をまわすことになるかもしれないが、つい気をまわさざるをえませんね。

忖度政府による忖度政治とか……。

鶏むね肉の〝向き〟

昨年（2017年）の「今年の漢字」、覚えていますか。

「北」でした。

では昨年の「今年の一皿」というの知ってました？

あったんです、そういうの。

「今年の漢字」ほど有名ではないがやってたんです、そういうのも。

昨年の「今年の一皿」は「鶏むね肉料理」というもの。

ちなみに一昨年が「パクチー料理」でその前の年が「おにぎらず」でした。

「今年の一皿」はどういうものかというと、「優れた日本の食文化を人々の共通の遺産として記録に残し、保護・継承するためにその年の世相を反映し象徴する食を『今年の一皿』とする」という、ちゃんとした理念のもとに「ぐるなび総研」と有識者の、ちゃ

んとした審査を経て選出された、ちゃんとちゃんとの大賞なのである。

　ぼくはそのことを知らなかったのだが、コンビニに行くと「鶏むね肉」の花盛り。

　どこのコンビニに行っても、「サラダチキン」と銘打って、パックされた鶏むね肉が何種類も並んでいる。

　味つけも「プレーン」「スモーク」「ガーリック」など様々。

　どのパックにも「鶏むね肉」ないし「鶏胸肉」の文字が入っている。

　つまり「鶏もも肉」ではないということ。

鶏肉には「もも肉」と「むね肉」の二大勢力があって、確かむね肉よりもも肉のほうが人気があったはず。

クリスマスのときなど、もも肉の足の先っぽにリボンをつけて七面鳥ふうに飾りたてみんな喜んで食べていたはず。

値段も、もも肉が100グラム123円ならむね肉は88円ぐらいで、断然もも肉のほうが高いはず。

なのに、なぜそのもも肉をさしおいてむね肉のほうが推挙されたのか。

やっぱり「今年の一皿」の理念の「その年の世相を反映し」のところにあるような気がする。

すなわち、世の中の健康志向、低脂肪、低カロリー、高たんぱく、低糖質、低価格といったあたりが高く評価されたのではないか。

「今年の一皿」は、文学で言えば芥川賞、直木賞に相当するとも考えられる。

両賞には候補作がつきものである。

「今年の一皿」にも当然対象候補があったはず。

当然、もも肉も候補に挙げられたはず。

その結果、もも肉は敗れたことになる。

もも肉の悔しさは想像に余りある。

特に身内の争いであるゆえ事は深刻なのではないか。

このことが後に禍根を残すことにならなければよいが。

いま評判の、コンビニで花盛りの「鶏むね肉」の実体はどのようなものなのか。

いろいろある種類の中の一つ「プレーン」を買ってきた。

透明なパックなので中がよく見える。いやに白くて、一見プラスチックのような、無機質な感じの肉のカタマリが見える。

大きさは子供の手の平ぐらい。

はっきり肉なのに、肉に見えない。平べったくて厚さは1センチ。

じーっと見つめていたのだが、このものが、かつてコケコッコーと鳴いたり、ハダシで走りまわっていたりしたとはとても思えない。

そのまま一口かじってみる。

「オッ、おいしいじゃないの」

と思わず思う。

パサパサというのが定説になっている鶏むね肉が、どう料理したのかしっとり感横溢、ジューシ

ー感秀逸。

これなら流行《はや》るわけだわ。

芥川賞当然だわ、と思う。

食べていてふと思ったのだが、これ、細長くちぎって蕎麦やうどんに入れるとぴったりなのではないか。

ちぎったところに汁がしみて、まさにうどんの友、蕎麦の友ということになるのではないか。

ただ一つだけ気になることがあった。

形である。

肉のカタマリがパックに入って売られているわけだが、パッと見たとき、〝向き〟がわからないのだ。

向き、というか、方角というか。

あの、ホラ、マンションの広告がときどき新聞にはさまって来ますね。

そうすると何となく見ますね。

間取りとか、方角とか。

ここが玄関で、そうか、こっちが北か、とか。

自分で買うわけではないが、そうやって見て、そうか、このマンションはおおよそこうなっているのだな、と、納得というほどではないが、安心というか、安心というほどでもないか、とりあえず心が落ちつくというか、そういう心理状態になることありますよね。

コンビニの「鶏むね肉」にはそれがない。

コンビニの「鶏むね肉」の形はいろいろで、大きな小判みたいのもあれば地図の四国風もあるし、紡錘みたいな形のものもある。

ただ、これだと、さっきも書いたように〝向き〟がわからない。

この肉のカタマリのどっちの方向に足があるのか、どの方角が頭なのか、まるきりわからない。

四国風をタテにしてみたり、ナナメにしてみたり、いろいろやってみたのだがどうしてもわからない。

ということは、それがわからないと困るってことか？　と訊かれると困るが、特に困るってことはないのだが、わかったほうがいいな、わかったほうが安心だな、ということはある。

人間の安心て案外そういうことなんじゃないかな。

凍ったバナナで釘は打てるのか？

「最強寒波で都心マイナス4℃、48年ぶり」

つい先日の雪の降った日、都心はこういうことになった。

48年ぶりを四捨五入すると50年ぶり。

こんなことを四捨五入しても意味はないのだが「48年ぶり」より「50年ぶり」のほうがインパクトが強いので「50年ぶり」でいくことにする。

50年ぶりということは、特に長生きの人以外は〝一生に一度〟ということになる。もう二度と体験することができないんですよ、あの日のあの寒さは。そうか、そうだったのか、貴重かつ有益な日だったんだ、あの日は、と、ここで改めてあの日を思い出して感激にひたる人も多いはず。そういう思いであの日を振り返ってみることにしましょう。

いや、もー、ほんとーに寒かった。ほんとーに寒かったので、かつてうんと寒かった

♥冷凍バナナは
食べても
おいしい
シャリシャリ
してるのに
ねっとり感も
あるの
ほどよく
溶けてから

日々の感覚を久しぶりに一つ一つ思い出した。

吐く息が白い。

そうそう、うんと寒い日は吐く息がこのように白くなるんだったっけ。

自分の吐く息が白いのを久しぶりに見た。

まだ雪あとが残っていて寒風吹きすさぶ道を歩いていくと、手袋をしてなかったので手がかじかむ。

そうそう、うんと寒いと手がこのようにかじかむんだっけ。

かじかむ、懐かしい言葉だ。

そういえば、かじかむという漢字がたしかあったはず（あとで辞書を引いてみたら〝悴む〟でした）。

冷たい風が容赦なく顔に吹きつけてきて水っ洟《ぱな》が垂れてくる。

そうそう、あんまり寒いとこのように水っ洟が垂れてくるんだった。

それで向こうから若い女の人が歩いて来てすれちがうとき、ふだんだったらそれを拭くんだけれど、いまはそれどころじゃないので拭こうとも思わないんだった。

都心はマイナス４℃だが、全国各地はもっと寒い。

地方によってはマイナス12℃、マイナス20℃なんてのもザラ。

そうなってくるとテレビは各地の極寒状況を伝えてくる。

毎度おなじみの、タオルを水にひたして振りまわすと、たちまちカチカチの棒になるというシーン。

カチカチに凍ったバナナで木材に釘を打ってみせるシーン。

都内ではこれまでめったになかったのだが水道管が凍って水が出なくなり、各家庭の冷蔵庫に磁石で貼り付けてある「水道の便利屋」が大忙しで走りまわるシーン。

極寒ということになると大抵のものがカチンカチンに凍ってしまうということを改めて思い知らされたのだった。

そういえば……と、ここで急に思い出すものがあった。

昔、冷凍みかんというものがあった。

「うん、あった、あった」

と大きく頷く人はいま何歳ぐらいの人たちだろうか。

「スキーに行くとき、列車に乗る前に必ず買って、座席の背もたれのところに吊るしておくんだよね」

「オレンジ色の網にタテ一列に収納されてるんだよね」

あの冷凍みかん、もう一度食べてみたい。

どんな味だったっけ。

カーちゃんぶつけるのやめて！
夫婦げんかのときは用いないように！
冷凍みかんは硬い

いま冷凍みかんは売ってないので自作ということになる。

ただちにみかんを冷凍庫に入れる。

翌日カチンコチン。

硬くて皮に爪がひっかからない。

しばらく水につけておく。5分ぐらい。

するとようやく皮が剝けて丸ごと口中に投入。

うん、みかんのシャーベット。

昔はアイスクリームはあったが、シャーベットはめったになかったので、このシャリシャリ感が

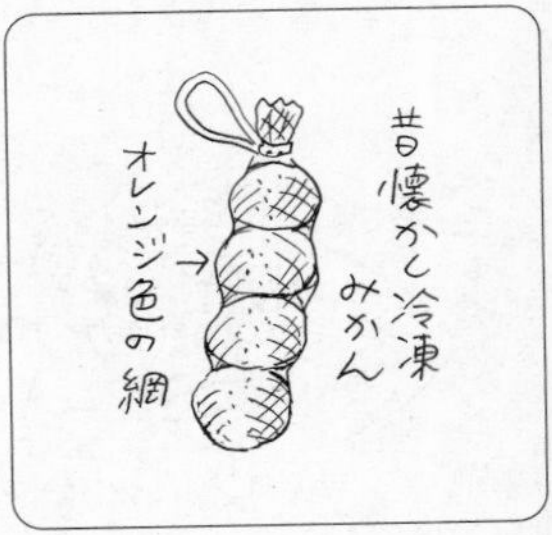

よけいおいしく感じられたにちがいない。

そういえば……と、冷凍みかんを食べ終えてまた思った。毎度おなじみの凍ったバナナで釘を打つシーン、見ていて「ほんまかいな」といつも思っていた。いくら凍っているといっても、あの軟らかいバナナで釘が打てるなんて、というのが長年の疑問だった。この際、と思った。

50年に一度のこの際、積年の疑惑を晴らしてみようではないか。

バナナを冷凍庫で凍らせる。手に持っていられないほど冷たくてまさにカチンコチン。では早速、と、長さ4センチほどの釘の先をマナ板に当てる（身近にマナ板しか木材がなかったので）。

では打ちます。

左手でマナ板に釘の先を当て、右手で凍ったバナナを振り上げる。

でも、まだ半信半疑だった。

いくら凍っているとはいえ、バナナですよ、ふだんはグニャグニャのあのバナナですよ、それが金づちの代わりになるなんて……もし打ち損じた場合どうなるのか、力一杯打ちつけて釘がズブッとバナナに食い込んだ場合……どうなるのか……それに……。
「いいから早く打て。焦《じ》らすんじゃないッ」
実はわざと焦らしてたんです。
なぜかというとですね……。
あ、ハイ、いますぐ打ちます。
バナナを釘に打ちつけました。
するとですね……。
あ、ハイ、するとですね、釘の先は見事にマナ板に突き刺さりました。
コンコン、コンコン、どんどん釘はマナ板にめり込んでいきます。
本当だったんです、凍ったバナナで釘が打てる、というのは。
この事実は、ぜひ後世の人々に伝えなければ、と思いました。

葛湯の実力

雪の降る夜に飲む飲み物は何がいいか。

雪見酒というのがあることはあるが、そういうんじゃなくて普通の飲み物。

窓の外は雪しんしん。

街の音、雪に吸い込まれてひっそり。

何かあったかい物飲みたいな。

湯気の立つあったかい器を両手で抱えるようにして持って、窓の外の雪景色を見ながら飲む飲み物。

だんだん心がしみじみしてくる飲み物。

空から無数の白い物が落ちてくるというのは明らかに異変。

雨なら当然だが雪は異変。

異変ではあるが嬉しい異変。ときにはメルヘンであり、あるときはロマン。

そういうときに、心しみじみ飲む飲み物は何がいいか。

「豚汁《ぶたじる》なんかいいんじゃないかな」

という人は無視。

かといって、コーヒー、紅茶、渋茶、ウーロン茶、ルイボスティーは、せっかくの雪の日には味気なさすぎる。

コーヒーなどは、しみじみするどころかカフェインで興奮してしまうじゃないですか。

あくまで〝しみじみ〟が本筋。

葛湯。突然浮上。

葛湯は刺激的なものは一切なく、味も温度も舌ざわりもすべてほどほど、ほんのり、ゆるやか、ひっそり、しんみり、雪の夜のしみじみにぴったりではないか。

「そうだ　京都、行こう。」じゃなくて「そうだ葛湯飲もう」。

あったんです、台所の引き出しの奥のほうに、ずーっと前に飲んでた葛湯の箱が。

粉末で一回分ずつ小袋に入っていて意外に量が多くて一袋が大サジ三杯分ぐらい。

〝しみじみの夜〟に向かって出発進行。

大ぶりの湯のみ茶碗を選ぶ。

こと葛湯ということになると把手《とって》のついている器は避けたい。

両手で抱えるようにして持って飲みたいから。

湯のみに熱湯をそそぐ。

立ちのぼる大量の湯気。

器にお湯をそそげば湯気が立ちのぼるのはあたりまえなのに、

「あー、湯気！」

と感激する。

雪の降る夜、という、普段と違う夜だからだろうか。

器の中のお湯をスプーンで掻きまわす。

すると、ただのお湯を掻きまわすときと違った抵抗を感じる。

葛湯のトロミが示す抵抗。

この抵抗がなぜか嬉しい。

掻きまわす速度がいつのまにかゆっくりになっている。

このゆっくりがこれまた嬉しい。

葛湯のトロミの動きって何だか嬉しいんですね、何でだかわかんないけど。

トロミの動きって優しさを呼ぶ動きなのかな。ゆっくりがいいのかな。

激しい動きを許さないんですね、葛湯のくせして。


掻きまわし終わってスプーンを引き抜く。

動きが静まったところで色を見る。

これがまた〝和の風景〟なんですね。

色があるような、ないような、半透明、乳白色。

昔のお姫様が顔を隠すためにかぶっていた絹のような、うんと薄く溶いた糊をうんと柔らかい刷《は》毛《け》で白い紙の上をサッとはいたような、品《ひん》というのはヘンな言い方だが、品があるんです、飲み物に。

葛湯には、飲み物のくせして。

コーラやサイダーに品はあるでしょうか。

また品を求める人はいるでしょうか。

青汁とかトマトジュースに、人々は効能は求めるが品は求めない。

その品を、葛湯は生まれながらに身につけているのだ。

ぼくは少しずつ、葛湯のファンになっていく自分を感じるのでした。

では、いよいよ飲みます。

予定方針どおり、葛湯の入っている大きい湯のみを両手で抱えるようにして持つ。

口のところへ持っていく。

湯気が、顔に、目に、耳のあたりまでまとわりつく。

一口飲む。

「アー!」

こらえようとしてもこらえきれない声が出る。

ビールを飲んだときも「アー!」が出るが、あのときとは違う品のある「アー!」が出る。

アー! ナンダロこの口ざわり、この舌ざわり。

舌の上に普通の飲み物にはない重みを感じる。

トロミの重みであろう。

重みを感じる飲み物。

その重みに味がある。

味覚には甘味、酸味、苦味、塩味、とあって、最近はうま味も加えるようになったようだが、いずれそれに重味を加える日がくるのも遠い話ではないかもしれない。

葛湯はトロミのせいで、口の中をゆっくり進む。

なめらかに、おだやかに、ゆったり、ゆるゆる通過していく。

その温かいゆったりの流れが、人の心をしみじみさせるのだ。

雪の降る夜の飲み物は、葛湯が正解だったのです。

豚汁だったらしみじみの夜にはならなかったはずです。

それもこれも葛湯の実力。

葛湯の実力はトロミとして発揮される。

げに恐るべしトロミの力。

トロミがトロ味として味覚の一つに加えられる日もそう遠いことではないかもしれない。

ビビンバはラテンの匂い

因《ちな》む、という言葉は大切な言葉である。

と同時にとても便利な言葉でもある。

因もうとする心が大切で、因むことによって様々な言葉につなぐことができるし、因むことによって知識も広がる。

因みに因むという言葉は【ある縁によってある事をなす】ことであり、【親しく交わる】という意味もある。

「因みに」という接続詞にすると、これはもう強力な接続詞となって、どんな文章と文章でもつなげることができる。

いま韓国では冬季オリンピックを開催中である。

世界中の国から選手や観客が集まってくる。

選手村ではその選手たちの国柄に合わせた食事を供することになる。

因みに供する側、すなわち韓国の人々はどのような食事をしているか、気になるところである。

どうです、因んだことによって、前の文章と後《あと》の文章が見事につながったではありませんか。

いったん因んでしまえば、もうこっちのものです。

日本にも韓国料理の店はいっぱいあって、辛い韓国料理を好む人もいっぱいいる。

たとえばビビンバ。

ビビンバはビビンバ丼として

食べることが多く、ビビンバ丼というのはナムルをゴハンの上に載せた丼物で、他に炒めた挽き肉と半熟卵を加えることもある。

因みにナムルというのは、モヤシ、ゼンマイ、ホウレン草、千切り大根などをごま油などの調味料で和えたもので、ホラ、みんなで韓国料理の店に焼き肉を食べに行ったとき、メニューを見て、とりあえず前菜として、エート、まずキムチね、ということになり、ナムルもあるけどナムルどうする？　ということになり、ナムルぜひ、という人と、ナムル要らない、という人に分かれ、幹事はひとわたりみんなの様子をうかがったあと結局注文しないことが多い、というあのナムルです。

ビビンバ丼は他の丼物と比べると地味な丼物ということができる。

カツ丼に比べると興奮度は低い。

感激度も薄い。

刑事物で、頃合いを見て刑事が容疑者にカツ丼を出すシーンがよくあるが、ここぞというときにビビンバ丼を出しても容疑者は白状しないと思う。

意地になって自白が遠のき、かえってややこしくなると思う。

ところでビビンバという名前、何となくラテンを感じませんか。

「ビビンバッ」

と言ったあと思わず、

「ウーッ」

という声が出そうなマンボの響きを感じるのはぼくだけでしょうか。

ここでビビンバ丼の全容を見てみましょう。

丼の上に整然と区画されて、モヤシ、ゼンマイ、ホウレン草、大根などが並べられている。

ぼくの場合だと、まずモヤシを四、五本箸で取り上げて食べ、すぐにゴハンを一口食べ、次はゼンマイを、その次はホウレン草を、というふうに食べていくことになるが、

韓国の人たちは絶対にこういう食べ方はしない。

丼が目の前に置かれるといきなり、とにもかくにもいきなり、スッカラと呼ばれるあの柄が長くて窪みの浅いスプーンでもって、グッチャグチャに掻きまわす。

どのぐらいグッチャグチャにするかというと、グッチャグチャが、ッグチグャチャになるぐらいまで掻きまわす。

日本人ならその段階でもういいんじゃないの、と思うのだがそこからまだまだ、捏《こ》ねまわすとい

う段階に至ってようやく食べ始める。

かつてぼくが行ったころのソウルでは「日式」を看板にした飲食店があって、こういう店には天丼もカツ丼も鰻重もタクアンもある。

この店の鰻重は日本の鰻重と全く同じで、重箱いっぱいに上下整然と鰻の蒲焼きが敷きつめてある。

まさか、と思うでしょ。

そのまさかをやるんです、韓国の人は。

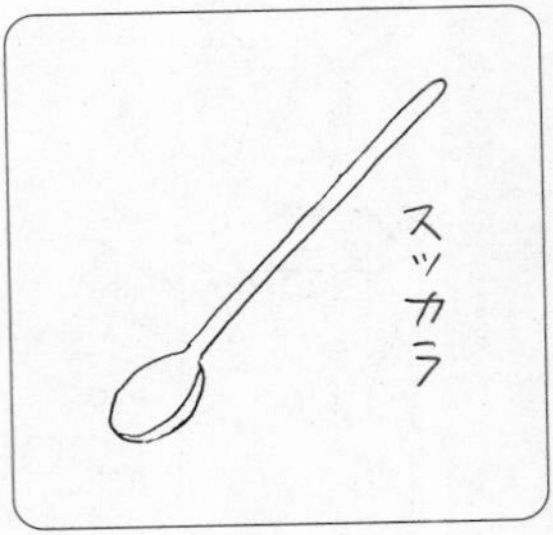

その整然にスッカラを突っ込んで上下左右、右ナナメ、左ナナメ、掘り返し、すくい上げ、上手ひねり、浴びせ倒し、大外刈り、うっちゃり、あらゆる手を尽くしてグチャグチャにしちゃう。
とにかくどんな料理でもグチャグチャにしてから食べ始める。だから、たぶん、これはまだ見たことはないのだが海鮮丼、あれだっていきなり掻きまわしてしまうのではないか。
あのスッカラというスプーンは、手に持つとどうしても食べ物を掻きまわしたくなるように出来ているような気がする。
そしてそのスプーンを手に持つと、民族の血が騒ぐ、というようなことになるのかもしれない。

因みにさっき、ビビンバのところでラテンの響きがある、ということを言いましたよね。

韓国は東洋のラテンである、ということがよく言われる。

ラテン系の人たちは、なぜかはわからないが整然を嫌うような気がする。

シッチャカメッチャカを好むような気がする。

整然を見るとイライラするところがあるのではないか。

日本の冷やし中華の、富士山を模して具を並べたあの整然を見れば、見ただけでイライラすると思う。その代わり、すでに雑然と混ぜてあるものにはとても弱いと思う。

日本の混ぜごはんとか、チャーハンを目の前にすると、どうしていいかわからなくてモジモジすると思う。

日本の行事　その未来

一年を通して考えると、二月はこれまで地味な月だった。

地味で冴《さ》えない月だった。

二八《にっぱち》などという言葉もあって、不景気な月、暗めの月だった。

その二月がある時期から急に明るい月になった。

バレンタインデーというものが定着して明るく派手な月になった。

と思っているうちに、節分に恵方巻きが参加するようになって、二月は更に賑々しくなった。

バレンタインデーのチョコレートと節分の恵方巻きによって月のランクが上がったのである。

牛肉でいえば、A1ランクからA5ランクへ（例え方ヘン？）上がったのだ。

未来の豆まき風景
福はーウチー鬼はーソトー
パラパラパラ

だが、ここへきて、その賑わいにやや翳《かげ》りが見えてきたのも事実である。

ことしの二月一日、日経新聞に次のような広告が掲載された。一頁全面広告、しかもカラー。広告主はチョコレートの老舗ゴディバである。

「日本は、義理チョコをやめよう」

で、この広告は始まる。

「バレンタインデーは嫌いだ、という女性がいます」

と続き、なぜかというと、「義理チョコを誰にあげるかを考えたり、準備をしたりするのがあまりにもタイヘンだから、というのです」

そして、このことは、

「この国の女性たちをずっと見てきた私たちゴディバも、肌で感じてきたこと」

であり、

「もちろん本命はあっていいけど、義理チョコはなくてもいい。いや、この時代、ないほうがいい。そう思うに至ったのです」

言ってることは尤《もっと》もなのだが、この一文のこの物言い、な–んか、上から目線ぽい、というか、教育的指導風というか、な–んかカチンとくるところがないでもないのだが、ま、そろそろそういう時期がきてるな、という感があったことは確か。

さあ、この広告を機に、来年のバレンタインデ–はどのような様相を呈するのか。

そして二月の行事のもう一つ、節分の恵方巻きの行方はどうなっていくのか。

ゴディバほどの大企業ではないが、兵庫県の「ヤマダストア–」が、

「もうやめにしよう」

で始まる恵方巻きに関するチラシ広告を出した。

ただしこっちは（売れ残るほど作るのはもうやめよう）ということらしく、やや弱腰ではあるが各方面に取り上げられて話題になった。

バレンタインデ–のチョコレートも、節分の恵方巻きも、そういう機運になっている、

時代が変わりつつあることは、われわれ日本人も肌で感じている。

そこでぼくは考えた。

日本における〈行事と食べ物の関係〉を、全面的に見直す時期が来ているのではないか。

なぜかというと〝七月危機〟というものがこれから先起こる可能性があるからなのです。

七月危機というのはこうです。

現在の日本の行事と食べ物の関連はこうなっています。

一月　正月　餅。
三月　桃の節句　雛あられ、菱餅。
五月　端午の節句　柏餅、ちまき。
七月　土用丑の日　鰻。
九月　お月見　月見団子。
　　　お彼岸　おはぎ。
十一月　七五三　千歳飴《あめ》。
十二月　年越し蕎麦。

こう見てきて何か気づくことはありませんか。

そうです、七月は七夕の月です。

七夕という行事の日なのにそれに伴う食べ物がない。

このことがコンビニ業界に狙われる。これが七月危機である。この業界は常に行事と食べ物をくっつけることを考えていて、ちょうど七夕のところだけ空《あ》いているわけだからここに目をつけないわけがない。

「七夕には鯛焼き」ということだってありえないことではない。

七夕は天の川で、天の川は川だから本来は鮎だが、鮎と鯛は魚同士だから、二人で話し合った結果、鮎が鯛に譲ることになって、七夕には鯛焼きということになりました、とコンビニ業界が発表すれば人々はそれで納得する（はず）。

そうなると、三年先あたり、七月七日のコンビニの店頭には鯛焼きがズラリと並ぶことになる。それはそれでぼくとしてはかまわないのだが、ぼくには、行事と食べ物について危惧していることがもう一つある。それは、その慣習が時代に合わなくなっている場合である。

節分の豆まきはどうか。

現在の日本の家屋事情と豆まきという慣習は合っているだろうか。

「福は内、鬼は外」と叫びながら、各家の開口部から外へ向かって豆をまく、という行為は、マンション住まいが多い今の家屋事情に合っているだろうか。

昔は玄関、勝手口、雨戸、便所の掃き出し口など、開口部がたくさんあったが、マンションだと玄関とベランダだけ、というのが多い。十階の人がベランダに向かってまくと下の階から文句が出る。

それに今の男は昔ほど元気がなく内気なのが多いから、大声を出すのを恥ずかしがる。

ＣＤというのはどうか。

「福は内、鬼は外」という声が入っていて、それに伴ってときどきパラパラパラパラという音も入っている。

ＣＤのスイッチボタンを押して本人は黙っている。

家族も黙っている。

日本の行事はこのようにして守られていくことになるのかもしれない。

「そだねージャパン」の「もぐもぐタイム」

平昌《ピョンチャン》オリンピックでひとしきり話題になった「そだねージャパン」と「もぐもぐタイム」というフレーズ、知ってますか？

え？　知らない？

知らない人にはこの話、しづらいのだが、今回の大会のこぼれ話として有名だし、ぼくとしても大好きな話題なのでどうしてもこの話に持っていきたいです。

カーリングは知ってますよね。

ルールとか、詳しいことは知らないが、何人かの人が開店直前の店みたいに、デッキブラシで床をゴシゴシこすってるやつだろ、そんなふうに大事にされていい気になったのか、その床の上をエラソーな態度で鍋みたいなやつが静々と通過していくやつだろ、ぐらいのことはみんな知ってると思う。

そういうことで話をすすめます。

ぼくもカーリングについてはよく知らないのだが、何回か何となく見ているうちに選手の一人に興味を持つようになった。

ゲームそっちのけで、その選手ばかり見つめるようになった。もちろん女子チームの選手です。

そんなふうにその選手ばかり見つめているうちに、ぼくも人の子、その選手がだんだん好きになっていった。

恥ずかしながら告白すると、「そだねージャパン」の藤澤五《さ》月《つき》選手（通称さっちゃん）です。

「そだねージャパン」の正式名は「LS北見」。

北見は北海道の北見市で、このチームの全員が北見市出身なので、選手同士の会話が北海道弁で「そうだねー」が尻上がりの「そだねー」になる。

試合中の会話にもしょっちゅう「そだねー」が出るので「そだねージャパン」。

次に「もぐもぐタイム」の説明に移ります。

カーリングの試合はかなり長く、時に3時間にも及ぶことがある。

そのため途中のハーフタイム7分間を休憩時間に充てている。

この7分の間に選手たちは今後の方針などを話し合いながら何か食べたり飲んだりする。

画面で見たかぎりでは、イチゴ、バナナ、チーズケーキなどとペットボトルのジュースなど。

ちなみにイギリスのチームはフライドポテトらしいものと、何かおつまみっぽいものとペットボトル。

日本以外のチームは立ったままで飲み食いするのだが、わが「そだねー」チームは全員が床に座りこんで車座になって飲み食いする。

ここのところが何となくお花見の宴会風な空気となり、何となくピクニック的雰囲気をかもしだす。

緊張のなかのほのぼの。

これまでのオリンピック中継で、飲食の部分を映すことはあまりなかったので、この〝食事風景〟は新鮮に映った。

この場合は試合の休憩時間の飲食ではあるが、よく考えてみると「試合中に飲食してはならない」という規則はオリンピックの規約の中にないのではないか。

特に触れてはいないだけなのではないか。

ただ、どの競技も試合中はそういうヒマがないから、という理由でしないだけなのではないか。

たとえばかつてボルト選手が出場した陸上100メートル走は途中で飲み食いしているヒマはない。
だが本当は「飲み食いしたい人はしてもいいよ」という規則になっているかもしれないじゃないですか。
そこでです、ぼくはこういうことを考えました。
今回の平昌オリンピックにおける「そだねージャパン」の「もぐもぐタイム」を機に、スポーツの試合中の飲食に対する人々の考え方が変わるのではないか。

かつての日本のスポーツ界は、試合中は水さえ禁じられていた。

まして、試合中におやつ、などということは死刑に値する行為であった。

「そだねージャパン」の「もぐもぐタイム」が人々の心を呼びさましたのだ。

これからはスポーツ中継はこんなふうに変わっていく。

たとえばプロ野球の場合。

千葉ロッテマリーンズ対北海道日本ハムファイターズ戦。

ロッテの選手はいつもベンチでもグラウンドでも全員がガムを噛みっぱなし。

いっぺんに2枚も3枚も口に放りこむ選手もいる。

アメリカの大リーグでもガム噛みっぱなしの選手は多いので、これは少しも不自然ではない。

日本ハムのほうはどうなるか。

試合中にソーセージを齧《かじ》るのはいかにも不自然だ。

大丈夫、次のようなシーンになる。

バッターがヒットを打って一塁に出る。一塁上で手袋をはずして尻のポケットにしまおうとする。

すると、オヤ、こんなところにこんなものが、という感じで一本のウィンナーソーセージを尻ポケットから引き出す。

口に入れる。

一口、二口と嚙みしめて、いかにもおいしそうな表情をつくり、

「メチャメチャうまい！」

と、つぶやく。

その声をマイクが拾って、満員のスタンドに響きわたる。

「尻ポケットにソーセージ」というのがいかにも不自然というのならこういう手もある。

バッターがヒットを打って一塁に出る。

そうすると、足の自打球ガードをはずしてコーチにあずける。

そのときコーチが一本のソーセージを選手に手渡す。

ホーラ、全然自然じゃないですか。

「キャベツ蕎麦」に驚く人々

「キャベツ蕎麦」というのをご存知ですか。
具がキャベツの蕎麦。
聞いたことないぞ、と言ってもダメです、実際にあるんですから。
そういう名前の蕎麦をメニューに載せる店があるんですから。
日本蕎麦の具といえば、その筆頭は、まずきつね蕎麦の油揚げ。
あと、カマボコ、わかめ、揚げ玉、かき揚げ、エビ天、卵……こう書き出してみると、
あれ？　意外に少ないんだな、と思った人は多いと思う。
意外に少ないんです、蕎麦の具は。
意外に門戸を閉ざしてるんです、日本の蕎麦界は具に対して。
立ち食い蕎麦屋になるともう少し門戸が広がって、コロッケ、イカ天、チクワ天など

が参入してくる。

このように旧弊な蕎麦屋のメニューに敢然と挑戦したのは東京は西武池袋線椎名町駅前の立ち食い蕎麦屋「南天」。ぼくはたまたまテレビのグルメ番組で見ただけなのだが、キャベツを煮こんだようなものが具として蕎麦の上にのっかっている。

それにしても、いいのか、蕎麦の具にキャベツって。英語だろ、いいのか蕎麦の上に英語がのっかって、と、しつこい人もいるはず。

でもぼくは結構なことだと思う。

蕎麦つゆで煮れば何だって合

うと思う。

たとえば「もやし蕎麦」。合うと思うな、中華ではすでに「もやしそば」があることだし。

地味で目立たない、表立たない、控えめである、というのが蕎麦の具の役割である。

そもそも具とは【連れそうこと】であり【貴人の相手をする者】である。

あくまで蕎麦が主で具が従。

課長と課長補佐の関係とも言える。そういう見方から考えると、きつね蕎麦の油揚げの立場はまさにこれ。

よくもまあ、こんなにもぴったりの蕎麦と油揚げという組み合わせを考えたものだと思う。風景として見てもまさに課長と課長補佐。目立たず、控えめであり、相手を引き立て、三角に切って二枚を少しずらして並べるという見事な構図。蕎麦の具の手本、総代としての地位は誰もが認めるところだと思う。

油揚げは置き定まりて静かなり
二枚の占めたる位置のたしかさ

と木下利玄は詠んだが、あれ？　違ったっけ？

牡丹花は咲き定まりて静かなり
花の占めたる位置のたしかさ

でしたっけ？

ま、いずれにしても【占めたる位置のたしかさ】に人々は感動する。

三枚だと大勢ということになり、大挙して押しかけた、という印象を与えかねず、かといって一枚だと、一人でやってきて大きな顔をしている、と取られる恐れもあり、そのあたりを斟酌《しんしゃく》して一枚を三角に切って半分にしたあたり、主に仕える木下藤吉郎的気遣いさえ感じられ、油揚げの気苦労のほどが察せられるところである。

一流になるにはやはり一流の心得がなくてはならず、いずれこのあたりのことを著した、「油揚げに学ぶ一流になるための戦略」というような本が出版されてたちまちベストセラーになるということも十分考えられる。

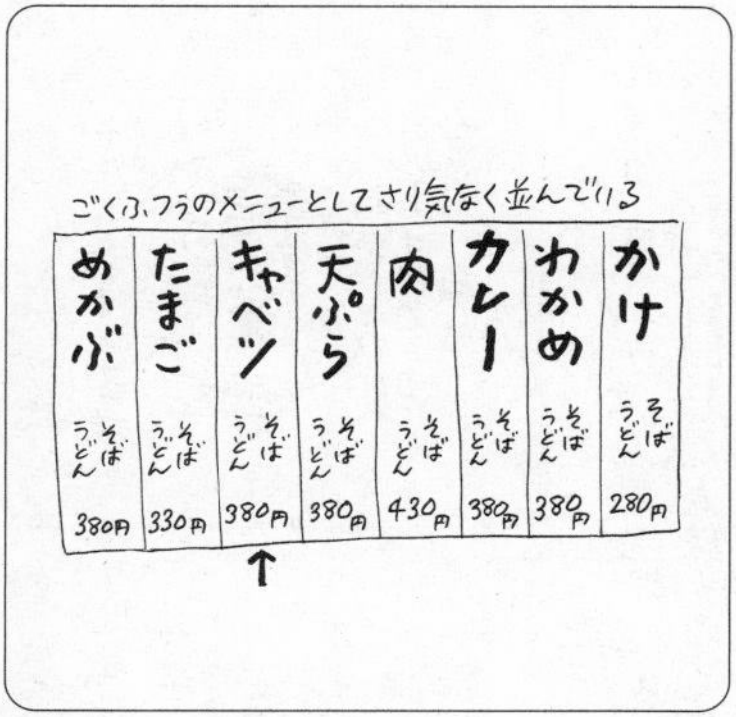
ごくふつうのメニューとしてさり気なく並んでいる
かけ そば うどん 280円
わかめ そば うどん 380円
カレー そば うどん 380円
肉 そば うどん 430円
天ぷら そば うどん 380円
キャベツ そば うどん 380円
たまご そば うどん 330円
めかぶ そば うどん 380円

とにもかくにも具は主を立てる従という位置。

ここでさっき、キャベツ蕎麦にイチャモンをつけた人が出てくる。

「具は主を立てる従というが、じゃあ、天ぷら蕎麦の場合はどうなりますかのう」

意地の悪い人なので言葉づかいも意地が悪くなっているのだ。

そうか天ぷら蕎麦。

かき揚げ天ならまだしも、上等そうなエビ天が二本ものっかっている天ぷら蕎麦の場合。

この場合のエビ天は、地味で目立たない存在だろうか。

控えめに振る舞っているだろうか。

課長補佐に見えるだろうか。

この質問に対してぼくは別の角度からこう答えるしかない。

「でもエビ天の天ぷら蕎麦はおいしいよ」

多分これで質問した人は大きく肯《うなず》いて「そだねー」と言ってくれると思う。ここでまた急に思い出したことがあったので、それを書くことになるのだが、かつてフライドポテトを具にした蕎麦が世に出たことがあった。

通称ポテそば。

2015年に阪急阪神レストランズ系の「阪急そば若菜」という店が考え出してメニューに載せてたちまち評判になった。そのときは、

「エーッ⁉　かけ蕎麦の具にフライドポテト？」

と驚いたが、実際に自分で作って食べてみると、これが美味、やみつき。フライドポ

テトに蕎麦つゆの味が軽くしみこみ、蕎麦つゆにフライドポテトの塩気と油が移り、日本古来の蕎麦の世界と、スナックがうまく融合して新しい味覚の世界をつくりあげている。

そうだったのだ。

キャベツぐらいで驚いている時代ではなかったのだ。

考えてみればコロッケだってそうだった。

最初のころは、エ？ 蕎麦にコロッケ？ とみんな驚いたものだったが、いまは当然、必然でさえある。考えてみると、おでんの種はどれもこれも蕎麦にも合う。

ハンペンもがんもも大根も蕎麦に合う。

王者油揚げもうかうかしていられない時代になったのだ。

太麺という荒くれたち

昼めしどき、特にこれといって食べたいものがないとき、

「うどんでも食うか」

と、なるときがある。

大阪ならいざしらず、東京ではうどん屋は少ない。

ぼくの場合だとスーパーに行って買ってきて食べることになる。

一つずつパックされていて、ちょっとお湯に通せばすぐ食べられるやつ。

で、スーパーに行く。

スーパーの茹で麺コーナーには、太麺、並麺、細麺の三種類が並んでいる。

ここでいつも迷う。三種類のどれにするか。

「きょうは太麺」

と即決の日もあるが、細麺もわるくないし、だったら並麺でもいいわけだし、と迷い出すときりがない。

「きょうは太麺」と即決しても、

「その理由は？」

と自問自答を迫ったりしながらうどんコーナーの前で立ちつくしたりして収まりがつかない。

実を言うとこのテーマ、ぼくの長年の研究課題なのである。

自分はいつもどういう理由でうどんの太さを選んでいるのか。

何か根拠があるはずなのだがその根拠は何か。

どうやらそのときの気分だということがわかった。

長年の研究課題だと言っておきながら、こんなにすぐに答えを出してしまって申しわけないが、気分以外の理由はどうしても考えられない。

では、どういう気分か。

これはすぐに答えが出せる。

心細いときは細麵。

心丈夫なとき、すなわち心太いときは太麵。

心が普通のとき、すなわち心が並のときは並麵。

いや、意外にこういうことになるんです。

こまかく説明しましょう。

細麵からいきます。

心細いときってありますよね。

体調かんばしくなく、どうにも元気がわかなく、先行きも暗くて心細いときはごく自然に細麵を選ぶ。

元気がなくなっているから何事も穏やかにすませたい、体力も使いたくない。太麵だとかなりの吸引力を必要とするが細麵ならスルッとノドを通るし嚙む力も弱くて済む。

そういう思いが自然に細麵を選ばせる。

では太麵は？

心丈夫なとき、すなわち元気なときは気力も充実している。

こういうときは闘争心も旺盛、征服欲にもあふれている。

どんな荒波にも立ち向かっていこうという気概も充実している。

こうした闘争心、征服欲、気概と太麺とどういう関係があるのか。

問われたからには答えざるをえない。

太麺を盛った丼の表面を見よ。

諸君はそこに物情騒然を見ることになる。

サクッと歯がパンの中に埋没していくのよね
サクッ
厚切りパン

太くて節くれ立って大きく波打つ麺々。

海の荒くれならぬうどんのツユの中の荒くれたちが、何やらザワザワ、ゴツゴツと不穏な動きでざわめいている。

このことは細麺と比較してみるとよくわかる。

見よ、丼の中の細麺たちの平穏を、静謐《せいひつ》を、平和ななめらかさを。

太麺を選んだ元気いっぱい、気力充実時《じ》の君には、これら荒くれたちに立ち向かおうとする勇気がある、闘争心がある。

こいつら（太麺）を成敗してくれる、という気概が満ちあふれるのだ。

人をしてそういう思いにさせる何ものかを太麺は持っているのだ。

次に並麺。

並麺は何しろ並の心のときに買う並なので、特別な心理状態は特になく、何の考えもなくスッと手が出るだけ。

特に語るべき何ものもない。

それより何より、いま大変な事実を思いついてしまったのだ。

それでわが思いはうどんどころではなくなってしまったのだ。

急な話で諸君はとまどうであろうが、こっちとしては今それどころではないのだ。

パンである。

パンの主流食パン。

食パンもまたうどん的運命を背負っていることにいま急に気がついたのだ。

だから、そっちの話を急にしなければならなくなったのだ。

したがって、うどんの話は置いてけ堀ということになる。

うどんを買うとき太さで選ぶように、食パンは厚さで選ぶ。

四枚切り、六枚切り、……八枚切りまである。

サンドイッチ用だと十枚切りというのまである。

ぼくの場合はうどんと違ってパンの場合はいつも即決である。

うんと厚いのが好き。

トーストで食べる、ということで考えてみましょう。

カリカリに焼いたのを一番最初に嚙むとき、深々と歯が入っていくフカフカ感、サクサク感がいい。

そうして、ちょうどまん中のところで、上の歯と下の歯が静かに合って静かに止まる。

この〝静かに〟のところが好き。

パンの厚さが1センチぐらいだと、アッというまに上の歯と下の歯がカチンと合ってしまって〝静かに〟の気分を味わうことができない。

パンの場合はうどんと違って、闘争心とか征服欲と気概とか、そういう面倒なものとかかわらないでいられるところが気楽でいい。

パンは表面が平らなので心も平静、という点がパンとうどんの違い？

「チームかき揚げ」は銅メダル

天ぷら、と聞くと緊張するところがある。

フライ、と聞くと安心するところがある。

天ぷらと聞くとまっ先に海老の天ぷらが頭に浮かんで緊張する。怯えたりもする。

天ぷらをコースで食べるような店の海老の天ぷらは高い。

そこいくとフライは気安い。

フライと聞くとまっ先にアジのフライが頭に浮かび、続いて定食屋が頭に浮かんですっかり安心する。侮《あなど》ったりするところもある。

高級な天ぷら屋ではコースの最初に海老が出ることが多いようだ。

客はそれを食し、ウム、と大きく頷き、尊敬の視線を店主に送ると、店主はそれを横顔で受けとめながら早くも次のネタを油の中に静かに投入し、浮かんでくる小さな泡に

目を凝らし、客はその鋭い眼光に深い感銘を受けて再び二度、三度と大きく頷く、というような名場面が店内にくり広げられることが多いといわれている。

　そこいくとアジのフライではそういう名場面はない。

　客はアジのフライを齧《かじ》ってはゴハンに熱中し、店主は知らん顔で競馬新聞に熱中している。

　天ぷらの世界はそのネタによって地位の上下がある。

　海老は上位だしアナゴやキスの地位は高く、ナスやカボチャの地位は低い。

　ネタのはっきりしないかき揚げというものもある。

これといった主役はなくて、玉ネギやニンジン、ゴボウ、コーン、小さな海老などの集合体である場合が多い。

こうなってくると、天ぷらというよりお総菜のイメージになってくる。

天ぷらなのにお総菜扱い。

そういっては何だが、天ぷらの世界での地位は低いといわねばならない。

ところが場面を立ち食いそばに移すと俄然話が違ってくる。

立ち食いそばの店では、かき揚げは王者、とまではいかないが、相当上位に位置しているのではないか。

また旨いんですね、そばのツユにひたってふやけてモロモロになったかき揚げというものは。

かき揚げとぼくは昔から合性がよく、お互い気安いし、気心も知れていて親しい間柄でもある。

好感を持っている、という言い方でもいいかな（向こうはどう思っているかわからないが）。

だから立ち食いそば屋に入ってかき揚げそばを食べ、食べ終わって店を出るとき、いつも、本懐を遂げた、という気分になる。

かき揚げは文字どおり、玉ネギやニンジンやゴボウなどを、小麦粉を溶いたコロモでかき集めて揚げたものである。

言ってみれば一つのチーム、ということができる。

本来、縁もゆかりもない者同士を説き伏せ、言い聞かせ、納得させて一つの団体にまとめ上げたものだ。

誰がまとめ上げたのか。

小麦粉である。

決して表に出ることなく、まさに陰の力、裏の努力、そして人と人とを結びつける才能、実力、それら全てを兼ね備えていたからこそ、このチームワークは生まれたのである。

そしてそのチームワークの味を味わうのがかき揚げの味ということになる。

ここに至って、ぼくはまさにここでカーリングに話を持っていかざるをえなくなった。
今回の平昌オリンピックで銅メダルを獲得したＬＳ北見チーム。
そのＬＳ北見の主将でゲームには一度も出場しなかった本橋麻里選手。本橋選手こそチームの陰

の力、かき揚げの小麦粉なのだ。

小麦粉でまとまったLS北見というかき揚げの味を、われわれは今回の平昌オリンピックで味わったのだと思う。われわれが平昌オリンピックにおける彼女たちの試合を見続けていて、ずっと何だかよくわからぬ心地よさを感じていた。

その心地よさは、いまになってわかったことなのだが、それは〝仲の良さ〟ではないだろうか。

仲の良さが心地よかったのではないだろうか。

かき揚げもまた〝仲の良さ〟を味わう食べ物である。

仲が良いとは言い切れない玉ネギとニンジン、仲が悪いとも言えないが良いとも言い切れないゴボウとコーンと小海老、それらが小麦粉の説得と包容力によって急にみんなニコニコしだしたのだ。

その現場をわれわれは実際に臨場感をもって再現して見ることができる。

そのためにぼくはいま、わざわざ日清の天ぷらそば「どん兵衛」を買ってきたところです。

カップのフタをピリピリ開けました。

まん丸のかき揚げは何やら赤い海老風のものが入った厚めの煎餅状でカチカチ状態。「天ぷらは食べる直前に入れてください」という指示があるので、天ぷらをはずして熱湯を丼の上からジョボジョボ、そして3分。

3分待ってかき揚げをのせる。

熱湯の熱意と説得によって、カリカリだったかき揚げが少しずつふやけて軟らかそうになっていく。

初期サクサク期。

中期モロモロ期。

あれほど固く心を閉ざして頑《かたく》なだったかき揚げが少しずつ心を開いていって、おお、箸でかき回せば、いまやモロモロと溶けてそれぞれが麵の中に分け入っていって混然一体。

チーム「どん兵衛」は大ニコニコ。

チャーシュー天ぷらとなる

「チャーシューは偉大なり」

と、もし群集の中で誰かが叫んだとすると、おそらくその半分近くが、

「んだ、んだ」

と頷くと思う。

「チャーシューはおかずの大将だ」

と続いて誰かが叫べば、

「そだねー」

と、こんどは群集の3分の1ぐらいが、頷くにちがいない。

チャーシューはおかずではあるが、どこか威風があり、あたりを払うところがある。

テーブルの上にコロッケの皿とチャーシューの皿が並んでいて、どっちが偉いか、と

この天丼に
わたくしとして
どういう考えで
臨むべきか
思わず天を仰ぐ人

問われれば、それこそ全員が口を揃えて、

〽チャーシュー、チャーシュー、それはチャーァシュウ

と森昌子の「せんせい」風にフシをつけて合唱するはずだ。

チャーシューは、おかずの世界ではそれほどの地位にある。

そういう立場にあるチャーシューに向かって、その地位に安住していていいのか、と疑問を呈した人たちがいた。

これにはチャーシューだって困ったと思う。

ぼくだって困ってしまう。

その人たちは、

「天ぷらになってみてはどう

か」

と言うのである。

ムチャクチャな話である。

チャーシューはそれでなくても脂身が半分近くあって油っこい。

それを更に油で揚げて天ぷらにしてどうする。

と全然思うことなく、その人たちはチャーシューの天ぷらを作製してしまい、あまつさえ、それを商品として売るという暴挙に出たのである。

その人たちとは天丼のチェーン店「天丼てんや」である。

その名もおどろおどろしい「チャーシュー三兄弟天丼・723円（税込780円）みそ汁つき」として売り出したのだ（2018年3月20日～4月25日限定）。

ぼくはその知らせを新聞のチラシで知ったのだが、そのチラシをよく見ると、その「チャーシュー三兄弟天丼」は、チャーシューの天ぷらが三枚と、紅生姜のかき揚げと、目玉焼き風天ぷらがそれぞれ一個ずつ、という豪勢な天丼なのだ。

「天丼てんや」は「天丼が540円で食べられる店」として人気の店なのだが、その540円の天丼でさえその内容は、海老、いか、白身魚、かぼちゃ、いんげんという豪華版なのである。

ぼくはこの店の天丼のファンでもあるのだが、同時にこの店の客のファンでもある。

この店の〝注文した天丼を待っている客の寛《くつろ》いだ姿勢〟のファンなのだ。

常連のおじいさんもおばあさんも誰一人として〝外食〟の雰囲気がない。家にいるときと同じ姿勢で天丼の到着を待ち、家にいるときと同じ動きで、ちょっと気だるそうに食べ始める。

そんなことはどうでもいいから、で、どうなんだ、そのチャーシュー三兄弟天丼とかいうものは、ということになると思うので、そっちの説明に取りかかることにするが、その妙ちきりんな天丼を目の前にするといよいよもって異様である。

関西では
紅生姜天は
あたりまえ
でんねんだっせ

目玉焼き風天ぷらと称するものは、実は半熟卵の天ぷらで、あのグニョグニョしたものをきちんと天ぷらの形に揚げてあって、只者ではない天ぷらなのである。

紅生姜のかき揚げだって、関西ではよくあるお惣菜だというが、関東では見かけたことのない、やはり只者ではない天ぷらである。

只者でない天ぷら三兄弟。

もうね、てんやわんやです、只ならぬ天ぷらばかりを目の前にして。

チャーシュー天丼の実像
チャーシュー天
紅しょうがかき揚げ
目玉焼き天

とりあえず主役のチャーシューの天ぷら。

これはですね、口に入れて噛んで味わっても、しばらくはチャーシューを油で揚げたものには思えない。

意外にさっぱりしていて全然油っこくなく、ただの肉の天ぷらか、と思うひとときがちょっとあって、あ、やはりチャーシューの天ぷらだ、とわかってきて、だけど何しろ食べ慣れてないので、結局そのへんは曖昧で、三枚目を食べてようやく、うん、やはりチャーシューの天ぷらだ、と納得せざるを得ない、というような天ぷらなのだ。

衣の中は本当にチャーシューか、と思って、箸の先で衣を剝《は》がして見ようとしたのだが、全体がグニグニと軟らかく、とても嫌がっているようにも思えたのだが、強引に脱がしてみると中はやっぱりチャーシュー、しかも裸身、裸身で衣の中に潜んでいた。

このチャーシューの天ぷら（三枚）が具全体の主役になっていて、そこに卵の黄身をトロリとかけ、それを口にしたあとに紅生姜のかき揚げをかじるとこれが少し塩《しょ》っぱくてゴハンのおかずにぴったりくる。なかなかうまく出来た天丼なのである。

それにしても、天ぷら屋が天ぷらの具としてチャーシューに目をつけた、というところは慧眼というよりほかはない。ぼくらの凡眼では、天ぷらの具にチャーシューは絶対に浮かんでこない。

「てんや」の人たちの慧眼をもってすれば、天ぷらとして揚げるべきものはまだまだたくさんあるはずだ。

と思って凡眼なりに考えついたものがある。

それは焼き鳥の天ぷらである。

串に刺してこれから焼くという段階、ここで衣をまぶす。

まぶしてジュッと油の中に突っこむ。

焼き鳥の天ぷら、これ、絶対においしいと思う。

これ、絶対にどこかの店でやって欲しい。

「ヤワラカーイ」でいいのか

テレビのグルメ番組で、食べタレが何かを口にしてまず言うことは、「ヤワラカーイ」

である。

そしてその次が、

「お口の中でトロケルー」

である。

この二つの表現を聞いた人は、

「それはよかった」

とニッコリする。

これがもし、

「カターイ」

だと、

「それはよくないな」

と顔をしかめることになる。

なぜ「ヤワラカイ」がよくて「カタイ」はよくないのか。

硬い食べ物がおいしい場合はいくらでも例を挙げることができる。

ただ、硬い物を食べるのは何らかの苦労を伴うし、咀嚼《そしやく》するのに時間もかかる。

それが面倒くさい、というのが敬遠派の理由だと思う。

味覚というものは、もともと時間をかけて味わうものなのだが、今の人は何をするにもまず安易を望む傾向がある。

昔の人は硬い食べ物に挑戦する気風があった。気概もあった。

硬い物を食べるにはまず歯が丈夫でなければならぬ。

昔の人は歯が丈夫な人を尊敬した。

ビール瓶のビールを飲もうとして栓抜きが見当たらないときは、栓を歯で開けられるという特技を持つ山田の出番となる。

山田は奥歯でガキッと事も無げに栓を開け、それを見てみんなは何となく尊敬の念を抱くのだった。

山田はやがて「栓抜きの山田」として社内に知られるようになり、便利がられているうちに出世していく（場合もある）。

敢えて硬い物に挑戦する人は、勇気ある人として賞讃された。

梅干しの種を歯で嚙み砕ける人も、ビール瓶の栓を歯で開ける人と同様尊敬された。

「ヤワラカーイ」を喜ぶ人たちと比べて何という違いであろうか。

この時代の人々は、なぜこのように硬い食べ物を受け入れ、好感を持っていたのか。

一つには達成感。

国自体にも勢いがあった。人々の心にも目的があった。

ビーフジャーキーだったら、相手は最初のうちは口の中で頑《かたく》なな態度をとっている。

それが少しずつ態度をやわらげ、カラダもやわらげてくるところに制圧の喜びを感じる。

そして最終的には相手は全面的に屈伏し、わが方《ほう》のどのような要求にも応じるようになる。

わが方の勝利でこの戦いは終結する。

だがよく考えてみると、敵は多少の反抗はするものの、反撃はしてこない。ただじっとしているだけだ。

一方的に攻めているだけであるから戦う前から勝負はついているのだ。

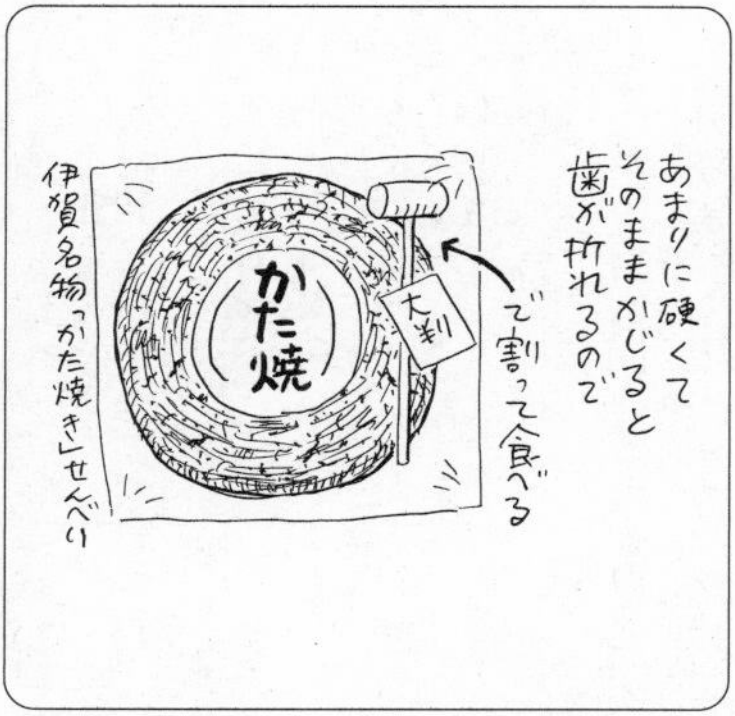
かた焼
大割
あまりに硬くて
そのままかじると
歯が折れるので
で割って食べる
伊賀名物「かた焼き」せんべい

しかも何回戦ってもこっちの勝ち。

これほど愉快なことはない。

人々が硬い食べ物に挑戦する由縁はここにある。

齧歯《げっし》類という一群の動物がいます。

ぼくはこの連中に少なからぬ好意を抱いている。

そして連中の、あの独得の出っ歯に憧れてもいる。

ネズミ、リス、ヤマアラシがその代表で、連中はあの歯でもってどんなに硬い物でもやすやすと削り取って食べてしまう。

自分にもあの歯があったらなあ、といつも思う。

あれさえあれば、たとえば一本の鰹節、これを両手に持って顎を上げ下げしては削り取ってそのまま口の中に落としこんでいく。まさに香りの高い削りたて。

そういう歯を持っていなくても硬い食べ物に挑戦する動物はいっぱいいる。

カラスは自力ではクルミを割ることができない。

カラスは考えた。

これを道路に置いて自動車に轢《ひ》かせたらどうか。

これを実行しているカラスは世界中にいるという。

では自動車がない時代のカラスはどうしていたのか、ということになるが、高い所から岩石目がけて落としていたらしい。

ラッコも硬い食べ物に挑戦する。

硬い貝殻を、お腹の上で石で叩いて割る。

ということを知っている人は多いが、あの石、どこでどう調達しているか、知っている人は少ないと思う。

あれは、ボウリングのマイボールと同様、気に入った石をマイストーンとして持ち歩いているのだという。

どうやって持ち歩いているのか。

マイポケットに入れて持ち歩いて（ラッコの場合は持ち泳いで）いる。脇の下のところに皮膚のたるみがあり、それをポケットにしているという。誰もが〝貝を石で叩いて割る〟と思っているが、実は〝貝を石にぶつけて割っている〟が真相だという。

いずれにしても、ラッコのこの姿は誰が見ても心が和む。

人間の場合はどうか。

人間が硬い食べ物に挑戦している姿はどう人々の目に映るのか。

ぼくが学生のころ、「トリスバー」という店があちこちにあって、そういう店のおつまみの一つに「あたりめ」というものがあった。もともとカチカチのスルメをちょっと焙《あぶ》ってから細く裂いてマヨネーズをつけて食べるものを「あたりめ」と称した。

その「あたりめ」を、歯で食いちぎろうとして歯を剝き出しにして苦闘しているおっさんの姿はどうなのか。

見て心が和むのかどうか。

カリカリ梅の孤独

最近孤独がクローズアップされているようだ。

そっち系の本が次々に出ている。

孤独本というか、孤独OK本、孤独ノープロブレム本、孤独どんと来い本。

お一人様の時代、結婚しない男女容認の時代、高齢化によって夫に先立たれて一人になる妻が多い時代、そのあたりの時代背景が反映されているのかもしれない。

「孤独のチカラ」「孤独のすすめ」「極上の孤独」「『ひとり老後』を楽しむ本」「孤独のグルメ」……。

孤独はときに愛され、ときに疎《うと》まれる。

若山牧水の、
幾山河越えさり行かば寂しさの

はてなむ国ぞ今日も旅ゆくという歌は多くの人に愛されている、ということは、人は案外孤独が好きだということなのかもしれない。

孤独には孤高などという言葉も用意されているし、高尚の気配もある。

これまでは、いつも一人ぼっちの人は、ぼっちの人としてとかく敬遠されがちだったが、これからはだんだん尊敬されるようになり、ウェルカムということになっていき、そうなると、せっかく孤立しようとしているのにみんなが寄ってきて孤独でいられなくなる、というむずかしい立場に立たされるようになるかもしれない。

かの孤独を愛する哲学者ショーペンハウアーさんは、

「人間は孤独でいるかぎり、かれ自身であり得る。だから孤独を愛さない人間は、自由を愛さない人間にほかならぬ」

と言っている。

情けないことではあるが、そうした孤高で崇高な人でも腹は減る。

孤独を感じているときに食べる物はどんな物がいいのか。

どんな食べ物が似合うか。

ナンダロ？　と思ったことでしょう。

あんのかな、そんな食べ物、と、思ったでしょう。

あんです。

カリカリ梅です。

カリカリ梅って、あのシワシワの梅干しじゃなくて、もっと小粒で、青くて硬くて噛むとカリカリと音のするあっち？　エーッ、あんなものが孤独で寂しいときの食べ物として似合う？　と思った人は多いはず。なぜカリカリ梅なのか、その理由をこれから説明していって、最終的に、ア、ナルホド、と、多くの人を納得させてみようと思います。

自信あります。

とりあえずこういう場面を想像してください。

ぼくの場合で説明するとこういう場面になります。

ぼくはつくづく寂しーなー、孤独だなー、と思ったときは布団を頭からかぶって寝ちゃうことにしています。布団をかぶって寝る前に冷蔵庫のところに行って中からカリカリ梅を一粒取り出して手に持っています。頭からかぶった布団の中で、ヒザ小僧をかかえて丸まってカリカリとカリカリ梅を食べる。

その布団のそばを誰かが通りかかる。

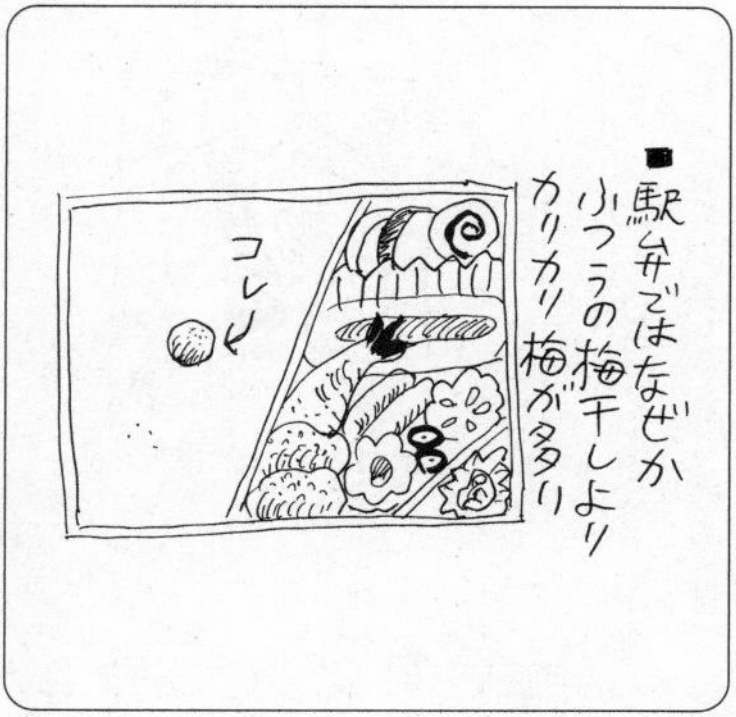
■駅弁ではなぜか
ふつうの梅干しより
カリカリ梅が多い
コレ

布団は小山になっているわけです、人が入っているわけだから。

通りかかった人の耳に、こんもりと小山になっている布団の中から、カリカリ梅をカリカリ齧《かじ》っているかすかな音が聞こえてくるわけです。

哀れじゃないですか。

寂しいじゃないですか。

似合うじゃないですか、寂しさに。

カリカリ梅は寂しさの塊《かたまり》である。

ふつうの梅干しを一粒皿の上に載せてみましょ

う（なるべく大きいやつね）。

何とふてぶてしくて、老獪《ろうかい》で、堂々としていることでしょう。

主張もいっぱい。

こんどはカリカリ梅。

何と小さくて、おずおずしていて、ひっそりしていることでしょう。

何も主張しません。

ゴハンのおかずにもなりません。

コンビニのおにぎりにも使ってもらえません。

盆暮れの贈答品シーズンにも、本家のほうは大賑わいなのにまるきり声がかかりません。

あちこちから見放されて天涯孤独です。食べられるときだって、本家のほうはウヒャー酸っぱい、だの、ウヒャーしょっぱい、だのと大騒ぎだが、カリカリのほうはひっそりしたものです。静かに嚙まれ、はかない抵抗のあとカリッとかすかで控えめな音を立てて割れ、そのあと砕けるでなく、つぶれるでなく、カリカリからシャリシャリになっていって消えていく。

梅干しはどんなスーパーでも必ず売っているが、カリカリは三軒に行ってやっと一軒。ぼくはカリカリ梅のファンで、人生の友とさえ思っているのだが、このことを人に言えない、というのも寂しい。

ファンというものは、同好の士と語り合う楽しみがあるものだが、カリカリ梅大好きというおじさんはめったにいない。

人づてに聞いた話であるが、意外にもあのきゃりーぱみゅぱみゅはカリカリ梅が大好きだという。

大好きで、海外公演にも必ず持っていくという。

それだと、ぼくときゃりーぱみゅぱみゅとは話が合う、ということになるが、向こうが話し合ってくれるかどうか。

たぶん話し合ってくれないと思うので、誰かにきゃりーぱみゅぱみゅはカリカリ梅が好きだということを話すことになると思うのだが、その相手はたぶん爺さんで、話しているうちにお互いの入れ歯がはずれると思う。

目出たくないのにお赤飯

「牛に引かれて善光寺参り」

という言い伝えがある。

つい最近、ぼくはそれに近い経験をした。

「湯気に引かれてお赤飯詣《もう》で」

という経験である。

「牛に引かれて……」のほうの内容はこうだ。

ある日、あるおばあさんが川で洗濯をしてそれを軒先に干しておいたところ、一頭の牛が現れて角で布を引っかけて走り出したので、おばあさんはそれを追いかけて行くと何と善光寺に来てしまい、それがきっかけで仏の心が生まれて信心深い人になりましたとさ、というものである。

もち米の一粒一粒を噛みしめている
呑気なじいさん

「湯気に引かれて……」のほうの内容は、あるおじいさん（ぼく）がデパ地下を歩いていたところ（午前11時半ごろ）、はるか前方に湯気が上がっているのを発見する。湯気立つところに温かい食べものあり。湯気に引かれて近寄ってみると、何とそこはお赤飯やおこわ飯《めし》で名高い「米八《よねはち》」という店で、おじいさんはそのとき特にお赤飯を食べたいと思っていたわけでもないのに、何となく手が出てお赤飯の折詰を買って帰りましたとさ、というお話である。

　そのことがきっかけで、とても良いおじいさんになりましたとさ、とはならなかったようだが、さて、そのあとおじいさんはその折詰をどうしたでしょうか。

事の成りゆきとして当然昼食として食べ始めることになる。われわれはふだんお赤飯を食べない。日本人は、何か祝い事があるときにお赤飯を食べる。

子供が生まれたといってはお赤飯。

就職が決まったといってはお赤飯。

今はすたれたが、かつては結婚式の引き出物には必ずと言っていいほどお赤飯の折詰が付きものだった。だが今回のこの場合、すなわち「湯気に引かれて」というのは祝い事でも何でもない。

資格という意味から言うと、お赤飯を食べる資格がないということになる。

呑気なおじいさんはそんなことは少しも気にかけることなく折詰のフタを開けて昼食に取りかかるのだった。

湯気とともにプーンとお赤飯のいい匂い。

「米八」は常にお赤飯をセイロで蒸しながら売っているのでまだほの温かいのだ。

「ありがたいことじゃのう」

と、おじいさんは目を細めながら割箸でお赤飯をほじり始める。

お赤飯というものはとかくカタマリになりがちで、ふつうのゴハンより団結力が強く

どうしても〝ほじる〟という感じになる。

ちょっとほじって急に胡麻塩の小袋に気づき、これを破ってお赤飯のところどころに振りかける。

小豆でほんのり桜色に染まったゴハン。あちこちに顔を出している紫色の小豆。そこに点々と黒い胡麻。そして白い塩。

「良い風情じゃのう」

おじいさんの目はますます細くなる。一口、口に入れて噛みしめて「ホー！」と言い、二口噛みしめて「ウーム」と唸る。感動しているのである。

久しく食べていなかったがお赤飯とはこういうものであったか。

もち米の歯ざわりとはこういうものであったか。

もち米の歯ざわりは重い。

われわれがふだん食べているうるち米の歯ざわりは軽い、というより、歯ざわりという感覚さえない。

もち米の重厚、小豆の淡白、そして胡麻のプチ

プチ、米と豆と胡麻だけなのに口の中の何という豊穣。お赤飯はもち米の粒々《つぶつぶ》感が強い。

ゴハンのカタマリを食べているというより、もち米の一粒一粒を噛みしめているという感じがする。

だから、お赤飯の一口分を噛み終えるのに、ふつうのゴハンの倍ぐらいの時間がかかる。

そうやって噛んでいる間はずうっと沈思、そして黙考。

沈思しつつ、黙考しながらゴハンを噛むなんて、常日頃、牛丼をかっこんで食べている我が身としては、なかなかの得がたいひとときである。

今回、たまたま、湯気に引かれてお赤飯を食べることになって、はからずももち米のおいしさに目覚めることになったのだが面白いのはここからである。

だからといって、じゃあこれから毎日もち米を食べることにしよう、とは思わない、という点である。

特別の思いで噛まない、特別の思いで食べない、というのがうるち米の良さなのだと思う。

普段使いとしてのお米、それがうるち米ということになるのだと思う。

第一、毎日毎日、一口噛んでは沈思、もう一口食べて黙考をやっていたのでは、時間ばかりかかって会社に遅刻することになる。

会社の昼休みの時間も一時間では足りないことにもなっていく。

われわれ一般人は、お赤飯を食べて沈思黙考で済むが、グルメ番組の食べタレの人はそれでは済まない。一口一口に、いちいち驚かなくてはならなくなり、いちいちそれを表情や動作で表現しなければならないことになりタイヘンなことになる。ここで、なんにも目出たいことがないのにお赤飯を食べてしまったおじいさんの資格問題に話を戻そう。

おじいさんは罪に問われるのか。

いやいやそんなことはありません。

湯気に引かれてお赤飯を食べたらとてもおいしかった、つまりとても良い思いをした日、であるからして、目出たい日、ということになってこれでよかったのだ、ということになるのだ。

コッペパン復活!

コッペパンがいまブームだという。

この「〇〇がいまブームだ」という書き方、これまでこの連載で何回使ってきたことか。

「またまたァ」とウンザリしている読者の方々も多いと思うが、そう思った人は次の記事を読んでください。

２０１８年4月15日の産経新聞日曜版。

――ほんのり小麦色に細長いシルエット。口に入ると、ふんわりとした食感。コッペパンが空前のブームだ――

大新聞がブームだと言っているのだからどうか肩の力を抜いていただきたい。

――中高年は給食の郷愁に誘われ、若い世代はレトロでかわいいパンを気に入って、広

い年代に受け入れられている

——と記事は続く。

去年あたりからこのブームは始まり、広尾あたりのおしゃれなエリアでもコッペパンを求める人で行列ができているという。

ここで古い世代は、

「あの見すぼらしかったコッペパンがおしゃれなパンとして広尾に？」

の感を深くせざるをえない。

日本におけるコッペパンの歴史は古い。

ぼくら古い古い世代は、コッペパンの全盛時代に育った。

戦後の食糧難の時代で、毎日

毎日コッペパンばかり食べていた。

ぼくらの後《あと》の世代はコッペパンを給食として受け継ぎ、多くの生徒に嫌われ、食パンに取って代わられてその地位を追われ、その後は世間全体から無視され続ける時代が長く続いていたことを考えると、今回の復活はコッペパンの第二次ブームということになる。

ぼくらのころの全盛時代から考えると盛衰なんと六十年、あんな貧乏くさいパンがよくもまあ生き永らえてきたものだと思う。

語感がよかったせいもあると思う。ためしに「コッ」と言ってみてください。どうです？　何か物足りない気がしませんか。そのあと何か言いたくなったのではありませんか。

そこんところに「ぺパン」とくるわけです。

破裂音というものはもともと解放感をもたらすものなのだが、それが二つも、しかも連続して。

快感、と言うほどでもないが、もう一回続けて言ってみてもいいな、なんて思ったのではありませんか。これです、コッペパンが世代から世代へ「コッペパン」「コッペパン」と言い伝えられて盛衰六十年の訳《わけ》は。

つい先日、ＪＲの吉祥寺の駅のそばを歩いていたら「パンの田島」というコッペパン

の専門店が開業していて十数名の行列ができていた。

ただちに行列に加わる。

店頭の写真つきのメニューを見ると、ぼくらの時のコッペパンとは様子が違う。ニューコッペとでも言うべき形になっている。

まずパンが細くて小さい。

そしてメニューがやたらに多い。

「つぶあんマーガリン」「いちごジャム練乳クリーム」「つぶあん黒豆きなこクリーム」「生キャラメルチョコチップ」、お惣菜コッペパンというのもあり「ツナポテトサラダ」「コンビーフポテト」「ナポリタンドッグ」などというのもある。

われわれ古代のコッペパンは、「ジャム」「マーガリン」「ピーナツバター」の三種類だけだった。当時「バター」もあったのだろうが、バターは超高級品であまりに高価なのでウチの近所の店にはなかった。

コッペパンはパン屋ではなく食料品なら何でも

ソーセージが具だと
ホットドッグと見分けが
つかないが……
コッペパン

売っている「食料品店」で扱っていて、「コッペパン頂戴」と言うと店のオバサンが出てきてコッペパンの横腹を包丁で切り裂き、「何?」と訊き、「ジャム」と答えると石油缶を半分に切った大きさのジャム缶にシャモジを突っ込んですくい取ってパンに塗り始める。

このときの店側とぼく側の無言の攻防戦も忘れがたい。オバサン側はジャムを全身全霊を傾けて少なく塗ろうとし、ぼく側は想像しうる限りの多量のジャムの塗布を切望する。

この双方の執念を思えば当然言い争いになるはずなのだが、そうはならず、二人は常に無言で、飛び交うのは恨みのこもった目の光と、それを無視するオバサンの呼吸の音のみ。いまにして思えば笑い話だが、六十年以上経ったいまも、こうしてはっきり覚えているのだから、食べものの恨みは恐ろしいと言うが、まさにそのとおり。

「パンの田島」で「つぶあん黒豆きなこクリーム」と「いちごジャム練乳クリーム」を買って帰る。

ホットドッグ系のパンは、タテに裂いてそこに具をのせるので一目で具の内容がわかるが、コッペパンの場合は横腹を裂くので上蓋がかかった状態になって中が見えない。

ので、上蓋を開けておそるおそる見る。

そこにはつぶあんと、黒豆を甘く煮たのと、砂糖入りきなこが入り混じった状態で塗られていた。

しかも、たっぷり。

もう一度書くが、たっぷり。

甘いもの総動員、総出演、甘過ぎてくどい、かと思ったのだが意外にそっちには向かわず、それぞれの役者が出たり引っ込んだり、転んだり、滑ったり、突然大声を出したり黙り込んだり、という状態。

「いちごジャム練乳クリーム」のほうは、わざわざ説明する必要はないのだが、古代のコッペパン常食者としては、「甘いジャムを塗った上に更に甘い練乳が塗られている」と、どうしてもわざわざ説明したい。

しかも、たっぷり。

「いきなり」が効いた！

何をするにしても〝いきなり〟というのはよくない。

いきなりで物事がうまくいったためしがない。

物事には順序というものがある。

何をやるにしてもまず入念に下調べをし、準備を整え、手順を踏み、これまでの前例を調べ、リハーサルを経てから事を行えば大体うまくいく。

経てから、誰もがこの原則を守る。

たとえば結婚。

いまは出来ちゃった婚などという結婚もあるが昔は厳密な手続きが必要だった。

まず見合いというものがあった。

見合いには仲人という二人の仲を取り持つ人がいて、この見合いがうまくいくと、婚

約、結納、入籍、挙式、披露宴、新婚旅行、新居に入居、というふうに、一つ一つ手順を踏んでから結婚生活は始まったものだった。

結婚生活がしばらく営まれたのち、めでたく第一子誕生、という手順になっていた。

出来ちゃった婚は、この間の一つ一つの手順をぜーんぶ省く。

最初は同棲。

その同棲もいきなり。

いきなり泊まっていきなり行《おこな》っていきなり出来ちゃう。

仲人があとから駆けつけて来てもう間に合わない。

だからといって、出来ちゃっ

た婚はうまくいかないかというとそういうわけでもなく、見合いよりうまくいく例はいくらでもあるのだが、ま、無難な人生を望む人はなるべく手順を踏むほうを選んだほうがいい。

「あのとき、一つ一つ手順を踏んでいればなあ」

という苦い経験を持つ人は多い。

たとえばキス。

TOKIOの元メンバーのキスがいま問題になっているが、ああいう物騒なキスではなく普通の人のキス、地味キスのほう。

いろんな人のいろんなキスの経験を訊いてみると、大体においていきなりの人が多い。

いきなり、突然、藪から棒にキスにおよぶ人。

そこに至るまでに恋愛映画などをたくさん見て下調べをし、ハハァ、なるほど、あのようにとりあえず「好き」とか「愛してる」など言い、相手を抱き寄せ、髪などちょっと撫でたりし、頬のあたりにもちょっと触れ、そのあとアゴの下に手をやって顔をやや仰向けにさせ、口を近づけていって相手の唇に自分の唇を重ねるとうまくいくんだ、そーか、そーか、と頭の中で何回も何回もリハーサルして現場に臨むのだが、臨んだとたん、頭の中がまっ白になっていきなりガバッになって、その後相手からの音信が途絶えた、という実例は枚挙にいとまがない。

いきなりで失敗する人はいまもいる。

財務省の偉い人もいきなりで失敗した。

いきなり何かしたというのではなく、話の手順がいきなりだった。

相手の人と政局がらみの話をしていて、いきなりオッパイの話になる。政局とオッパイは何の関係もなく、大きな乖離があるのだがこの人物はそれを軽く乗り越えてしまう。

普通の人はその前に何らかの予兆をほのめかすのだが何もほのめかさないでいきなり実行するところがこの人物の大きさを物語っている。

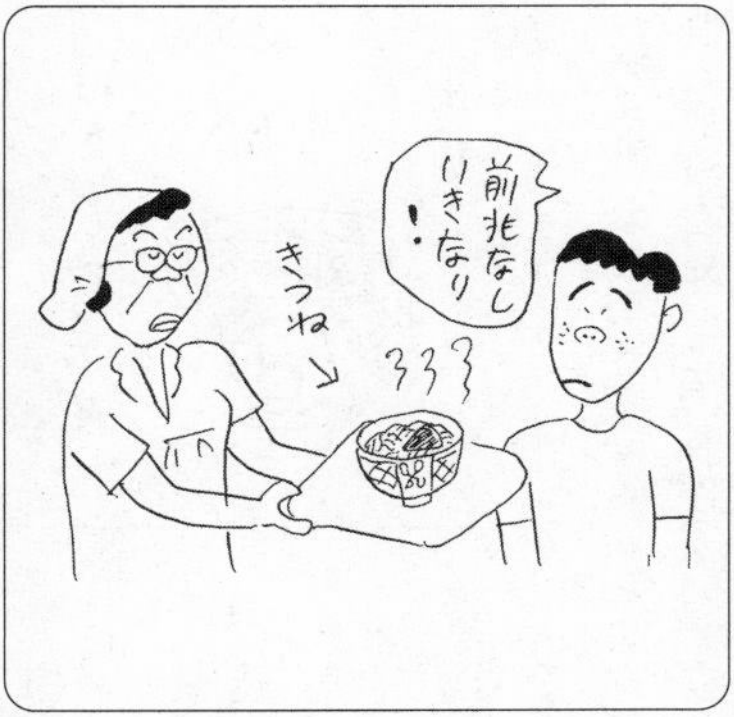

人はいきなりで失敗する。

いきなりで人生に躓《つまず》く。

と、思い込んではいけない。

世の中にはいきなりで成功した人もいるのだ。

しかも大成功。

「いきなり！ステーキ」を立ち上げた人がその人。

「いきなり！ステーキ」の「いきなり」が効いた。

人はいきなりに弱い、というか、驚いて判断力を失う。

何となくぼんやり街を歩いているとします。

街を歩いてるときって、みんな大体ぼんやりしてますよね。

そこにいきなり「いきなり！ステーキ」の文字が目に飛び込んでくる。別に油断をしていたというわけではないのだが、何しろいきなりだから驚いて立ちどまる。

立ちどまってよく見ると行列ができている。この行列は「いきなり！ステーキ」に驚いて立ちどまった人の群れである。

その群れに引き寄せられるように自分もその行列に加わる。並びながら店頭に掲げられた値段を見るとこれが安い。立ち食いのせいで安いのだが、油断を衝かれて動揺しているので、そういう判断が鈍っている。

ここでよく考えてみると、飲食店でいきなり料理が出てくる店はいくらでもある。

蕎麦屋に入って「きつね蕎麦」と頼むといきなりきつね蕎麦が出てくる。その前に何かちょっとしたものが出てくるということはありえない。

カレー専門店に行って「カレー」を頼むと、いきなりカレーが出てくる。

餃子の専門店に行って「餃子」を頼むといきなり餃子が出てくる。

ステーキの専門店に行けばいきなりステーキが出てきても何の不思議もないのだ。

「いきなり」と名付けたネーミングの妙、効力ということになる。

北海道の「サッポロラーメン」を知らない人はいない。

香川県の「讃岐うどん」、これもまたあまりにも有名である。

もし「サッポロラーメン」が「北海道ラーメン」という名前だったら、讃岐うどんが「高松うどん」だったら、ということを書いたのは、かの食通、丸谷才一氏である。

もし「いきなり！ステーキ」が「立ち食いステーキ」だったら……。

蕎麦に栄光あれ！

今回のテーマは、

「人類はなぜヒモ状の食べものが好きなのか」

です。

ヒモというのは紐《ひも》のことで、昔のおじいさんだと、

「悪い子はヒボで縛っちゃうぞ」

などと、ヒボという言い方もする【太い糸状のもの】のことです。

ヒモ状の食べものには、大ざっぱに言うとうどん、蕎麦、スパゲティがあります。

ということは、ヒモ状の食べものは世界的に好まれているということになる。実際に考えると、ヒモ状のものは食べるのがとても厄介だし、とても面倒くさいし、とても手間ひまがかかる。

そういう食べものは、ふつうだんだん遠ざけられ、見放されていくはずなのにけっして見放されないし遠ざけられないし、嫌われるどころかかえって好まれている不思議。

実例を示しましょう。

たとえばお団子。

お団子だと箸ではさんでお口にポイ。これで全過程終了。

これが蕎麦だとどうなるか。

たとえば盛り蕎麦。

まず盛られた蕎麦の上部の何本かを箸で一口分にまとめる（作業その①）。

まとめた何本かを蕎麦つゆの入った蕎麦猪口《ちょこ》の上空に移動さ

せ（作業その②）、次にこれを下方に移動せしめて猪口内の蕎麦つゆにひたし（作業その③）、そののちこのものを再び上空に移動させ（作業その④）、その途次余分な蕎麦つゆをしたたらせて落とし、その後このものを口のところへ移動させて口に入れる（作業その⑤）、これで一見全作業は終了したかに見えるがさにあらず、口に入れたとはいえ、まだくわえた段階で、あとまだ吸引という作業が残っている。

団子なら口を開けておいてポイで済むが、蕎麦はズルズルとすすり込む作業が残っている。

ズルズルで済めばいいが、これだとまだ口の端から蕎麦が数本垂れ下がっているので更にもう一回ズルズルしなければならず、総計すると実に七段階。

実際の現場で説明するとこうなります。

ある老舗の蕎麦屋に二人のご婦人がテーブルに相対して座っています。

片っぽうの婦人の注文は盛り蕎麦。

もう片っぽうが蕎麦掻《が》き。

蕎麦掻きというのは今の人には説明が要るが、蕎麦粉を熱湯で練ってカタマリにしたもの。

店によってその供し方はいろいろで、そのカタマリの入った器に蕎麦つゆを注いだだけ、という店もあれば、ふつうの蕎麦と同様に、そのカタマリを箸でちぎっていちいち蕎麦つゆにつけて食べる方式の店もあるのだが、今回は話の都合上、カタマリにつゆがかかってるだけの方式でいきます。

蕎麦掻きは、老舗の蕎麦屋のメニューに大体あるはず。

二人の注文、同時に到着。

二人、同時にスタート。

蕎麦掻き夫人（これを夫人Aとします）、早くも一口目を口に入れて早くも噛み終えて全過程終了。

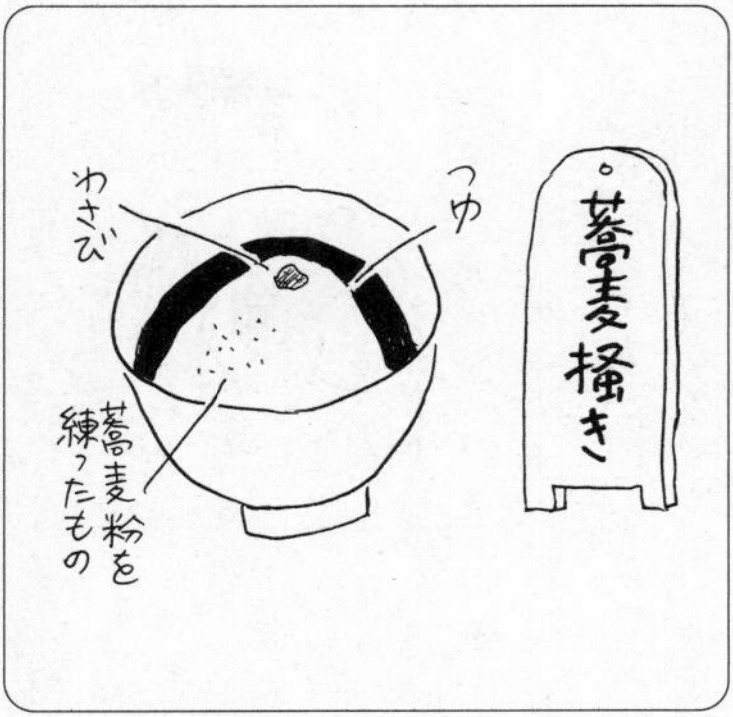

盛り蕎麦夫人（これを夫人Bとします）は、いまだ作業①の段階。

夫人Aが二口目をのみ込んだ時点で夫人Bはいまだ作業④の段階、すなわち、蕎麦が蕎麦猪口の上空。

ここでわたくしとしては蕎麦の歴史に考えが及ばざるをえない。

蕎麦はいかなる歴史を経て今日《こんにち》の姿になったのか。

大昔の日本人が最初に手にしたのは粒のままの

蕎麦、すなわち蕎麦の実だったにちがいない。

これだとブキブキしてどうにも食べづらいし旨くもない。

そこでこれを潰してみたり砕いたりした挙げ句、粉にすることを思いつく。

粉時代があったはずです。

だけど粉で食べるとどうにもパフパフして食べたという気がしないし、あたり一面粉だらけになるし、で、水で練ってカタマリにするということを思いつく。

さっき、A夫人が注文して食べていた蕎麦搔きがそれです。

実際に、そのカタマリを刃物で刻んで食べるようになったのは江戸時代のちょっと前から、ということなので、時代を先取りした、という意味ではA夫人の勝ちということになります。

ということはB夫人の負けということになります。

A夫人の勝ちが証明したように、蕎麦というものは、カタマリにした段階ですでにもう立派な食べものになりえているのです。

ここから先、日本人は実に様々な工夫を試みた。

カタマリを平らに伸ばして平べったくすることを思いつく。更にこの平べったいものを、刃物で切り刻むことを思いつく。

粉からカタマリへ、カタマリから平面へ、平面からヒモへ、この間の手間ひま、執念にはただならぬものを感じる。

「何でそうなるの？」

は欽ちゃんのギャグだったが、何でそうなるの？

製作過程が四苦八苦なのに食べるのも難行苦行。それなのに日本中の人に、いや世界中の人に愛されているヒモ状の食べもの。

何でそうなるの？

わたくしはこのことを何十年も考え続けてきたのだがいまだに結論が出て来ない。

ただほんの少し曙光が見えてきたところもないわけでもない。

それは「人類は困難に挑むことによって今日の繁栄を得た」ということである。

粒から粉へ、粉からカタマリへ、カタマリから平面へ、平面からヒモへ、日本人は一度だってヒモへの挑戦をやめなかった。

やめなかったゆえに、今日の蕎麦の栄光があるのだ。

ヌーハラ対策「音彦」

ハラスメントがいましきりに話題になっているが、一口にハラスメントといってもいろいろある。

ちょっと整理してみましょう。

セクハラ、パワハラ、アルハラ、スメハラ（匂い）、マタハラ、スモハラ（煙）、ヌーハラ（ヌードル）、テクハラ（機械音痴）、モラハラ（モラル）……まだまだあって一説には35種類あるという。

これらのハラスメントの中で花形はやはりセクハラということになるのではないか。

花形という言い方はおかしい、というならメインというかメジャーというか……。

要するにハラスメントとは嫌がらせのことだから、当人が嫌がらせだと思えば何でもハラスメントになる。

セクハラは何しろ花形であるから派手なハラスメント、すなわち派手ハラということになる。一方、小物というか、地味系のハラスメントもある。すなわち地味ハラ。

ヌーハラはどっちかというと地味系だと思う。

麺をズルズル啜る音なんて大した音じゃないと思いますよ、新橋のガード下に比べれば。

あそこには店がたくさん並んでいて立ち食いそば屋もあるしラーメン屋もある。

そういう店でそばをズルズル啜っているときに電車が上をガーッと通ってごらんなさい。

力一杯そばを啜ったって電車の音には敵《かな》わないでしょうが。

麺類をズルッて啜る音、ぼくは好きだな。

思いっきり力強く啜る音、いいと思うな。

隣にそういう人がいると、やってるやってる、と思って好感が持てる。

ぼくに限らず、日本人ならみんなズルズルに好感を持っていると思う。

その証拠が落語の「時そば」。

先代の小さん師匠の時そばのズルズルは絶品だった。

〝エア〟で啜っているのに、あたりにそばつゆが飛び散るように見えた。

そばを全部食べ終え、つゆを飲もうとしてエアの丼を両手で抱えてアゴが少しずつングングと上がっていくあたりになると拍手、拍手、また拍手という有り様だった。

寄席に行って小さんの時そばを見ようという人は、金を払ってまでズルズルを聴きたいという人たちである。

外国人にとっては聴くに堪えない音に、日本人は金を払うのだ。

それなのに外国人はなぜあんなにズルズルを嫌うのだろう。

日本人のズルズルを聴くと寒気がする、という外国人もいる。

こっちは拍手、あっちは寒気。

何とかいい方法はないのだろうか。

オリンピックも近いことだし、外国人もいっぱい来ることだろうし、ただ困った困ったで済まされる問題ではないのだ。

何とかしなければならぬ。

と思っていたら、

「何とかしましょう」

と手を挙げた企業があった。

カップヌードルの日清食品である。

どう何とかするのか。

これがまた意外や意外、その手があったか、と思わずヒザを打ちたくなる奇想天外な発想。

さっきの新橋のガード下の発想です。

トイレで使用中の音を消す「音姫」というのがありますね。

歯には歯、音には音でズルズルをごまかそうというアイデア。

カップヌードルはフォークで食べるが、そのフォークの柄のところに機械を取り付け、ズルズルという音がするとその機械が感知してスマホに伝わり、スマホからズルズルに対抗する音が流れ出る、という仕掛け。

音は「ジェットエンジンに似た電子音」だという。

ホラ、やっぱり新橋式が有効なんだ。

でもそういう機械ってかなりでかいんじゃないの、と訊くと、ハイ、でかいです、という。

そんなでかい物をフォークの柄に取り付けたら持ちにくいんじゃないの、と訊くと、ハイ、持ちにくいです、という。

持ちにくいと食べづらいんじゃないの、と訊くと、ハイ、食べづらいです、という。

そのフォークいくらするの、と訊くと、１万４８００円（仮の値段）です、という。

そんなもの誰も買わないんじゃないの、と訊くと、ハイ、誰も買いません、という。

２０１７年（去年）、日清食品はこの物々しいフォークを開発し、その名も「音彦」と名付けた。

「音姫」に対する「音彦」。

東京オリンピックにおける「ズルズル問題外国人対策」ということもあったのでしょう。

10月23日に予約受付開始。

予約が5000個に達したらいよいよ生産開始、という予定だったのだが結果は249個。

ということで「音彦」はまだ世の中に姿を現していないのだが、ここで少し驚いてください。

249人が「音彦」を申し込んだということ。

あの、といってもまだ映像でしか見ていないのだが、でかくて持ちにくくて食べづらくて重そうで1万4800円もする、ただラーメンを啜るためだけのフォークを本気で買おうとした人が249人。

万が一、これから先、予約が5000個に達して市販されるようになれば値段も下がるだろうし、1000円ぐらいになったとしたら買ってみるにやぶさかでないな、なんて思っている人が一人、ここにいます。

焼きそばパンは心意気

このところ整理整頓に関する本がやたらに目につく。部屋の片付け方から冷蔵庫の中に至るまで、きちんと整理しましょう、捨てるものは捨てましょう、という趣旨の本。

みんな急にそういう意識に目覚めたのだろうか。いっときゴミ屋敷がテレビなどでさかんに取り上げられ、その惨状にみんな呆《あき》れかえった時期があったが、その反動ということなのだろうか。

つい先日、ナニゲにテレビを見ていたら「収納王子」というのが出てきた。王子にしてはけっこうオッサンで、整理整頓の達人だという。

収納に関する本も何冊か出しているらしい。

余計なことを言うようだが、王子様といえば我儘《わがまま》いっぱいで、どちらかといえば「散

焼きそばパンを口に
入れんとするとき
あだや
おろそかな
気持ちで
臨んではいけなり！

らかし王子」のはずで、それをお付きの者が片付けてまわるんじゃなかったっけ。

やっぱり余計だったかな。

とは言いながら、整理整頓は生活の基本である。

部屋の中が散らかっていると気持ちが落ちつかない。

何となくイライラしてくる。

これが一変、しかるべき物がしかるべき場所に置かれ、しかるべき物がしかるべき場所に収納され、部屋がすっかり片付けられると気分もスッキリする。

秩序は大切である。

ということを言っておいて、話は焼きそばパンに移ります。

焼きそばパンに秩序はあるだろうか。

焼きそばパンに限らず、コロッケパンとか野菜サラダパンなどの、いわゆる総菜パンと言われるものは、細長いパンをタテに切り裂いてそこに具を押し込んだだけなので秩序とか整然とかは考えていない。

美は意識しない。

それにしても焼きそばパンの乱雑、散らかし放題は度が過ぎるのではないか。

あそこに整然はあるだろうか。

焼きそばパンの具は麺が主役なのだが、麺は糸状であるから、もつれたり、からんだり、よじれたり、垂れ下がったりするのは当然で、そこに秩序を求めるのはムリである。

巻きついたり、犇《ひし》めいたりするのが彼らの得意とするところである。

その混乱に乗じたわけでもないだろうが、その現場にキャベツの細片が、豚バラの小片が、玉ねぎの切れっぱしが、海苔が、紅ショーガが入り乱れている。

ぜーんぶゴチャ混ぜ、麺の何本かは現場から垂れ下がり、ソースを身にまとったキャベツははみ出、紅ショーガは今まさに落下寸前。

つまりゴミ屋敷パン。

さて、ここからが本文のメインテーマになります。

こういうゴミ屋敷的なものはふつーみんなに嫌われますよね。

みんな遠巻きにしてヒソヒソ言いながら遠ざかっていきますよね。

だが焼きそばパンに限ってみんなが近寄ってくる。

近寄ってきて口に入れたりする。

これは大きなナゾと言わねばなりますまい。

焼きそばパンは散らかし放題ＯＫということですよね。

無秩序ノープロブレムということですよね。

麺のぶら下がり、むしろ好ましいじゃないか、収納王子あっち行け、ということですよね。

「焼きそばパン大好き」「そだねー」の人は多いのです。

焼きそばパンの歴史をふり返ってみると、この乱雑はいかん、無秩序を正そう、整然を目差して改革を試みよう、という動きがこれまで一度たりともなかった、という事実に誰もが気がついてハッとなったはずです。

そうなのです、みんなこのままでいい、このままがいい、と言ってるのです。

でも普通に考えれば、いざこれから口に入れようとするものは、できたら食べやすくまとまっていたほうがいいはず。

乱れていたり、垂れ下がっていたり、今にもこぼれ落ちそうなものは食べにくいじゃないですか。

でもみんながそれでいいと言っている。

それを良しとしてそのまま口に持っていく。

このときのその人の心情、心意気、勇気というものを考えるとぼくの心は熱くなる。

様々な障害を物ともしない焼きそばパンに向ける愛情、熱情を思わずにはいられない。

何の被害もなしに焼きそばパンにかぶりつくということはありえないことなのです。

実際についさっき、見てたらソースを全身にたっぷりまとったキャベツの細片をヒザの上に落とした人がいました。

この際、いつ、誰が、ソースたっぷりのキャベツの細片をヒザに落としたんだ、それを誰が見てたんだ、などのこまかいツッコミをしないでください。

ぼくの場合で言うと、焼きそばパンを手に持って、いざ口にくわえようとするときの心境ははっきり言って無謀です、向こう見ずです。闇雲です。

このときのこの冒険の心、好きだなー。
それとみんなが焼きそばパンに好意を持つ理由がもう一つ。
それは懐かしさです。
子供の頃、部屋中散らかし放題にして親に叱られた経験を持たない人はいない。
散らかし放題だったあの子供部屋、懐かしーなー。
焼きそばパンがみんなに嫌われないキーワードは二つ。
一つは心意気、もう一つは親近感。

ガムとスポーツ

「オオタニサン」が大人気だ。

みんなに好かれ、みんなに愛され、そしてモテる。

ぼくはモテる男は大嫌いなのだが、オオタニサンだけは許す。

大リーグ、エンゼルスの大谷翔平選手、あちらではオオタニサンと呼ばれることが多い。

この場合の「サン」は尊敬からくるサンで、一種の称号と考えていいらしい。

英国流に言うと、サー・オオタニ。

大谷選手は何をやっても絵になる。

動作の一つ一つが魅力的で、一つ一つが話題になる。

ぼくが見たのはベンチでヒマワリの種を食べるシーンだった。

ボルト選手はとても忙しいことになる
プッ
ヒマワリ
100メートル走る10秒以内にですよ

大リーガーはベンチで口を動かしていることが多い。

ガムだったり、ヒマワリの種だったり……。

そのシーンでは、大谷選手のほかにもヒマワリの種を食べる選手がいた。

その選手はヒマワリの種を一粒、歯と歯の間にタテにはさんでカリッと割り、中の実だけを口の中に落として殻をプッとそのへんに吐き散らす。そのためベンチはゴミだらけ。

ここからがサー・オオタニの真骨頂となる。

ベンチの他の全員が殻をそのへんに吐き散らしているなかで、

サー・オオタニただ一人、手に持った紙コップの中に吐いている。

そのシーンをカメラがちゃんととらえていて、サー・オオタニの評価はますます高くなっていく。

と、ここまでのシーンをぼくはテレビで見ていたのだが、何しろ気まぐれ、移り気が自慢のぼくのこと、興味の対象が急に大谷選手からヒマワリの種に移った。

大リーガーはなぜ試合中にベンチでヒマワリの種を食べたりガムを噛んだりするのか。

ガムのほうは何となくわかるが、ヒマワリの種のほうはかなり厄介ですよ、あれ。

ヒマワリの種をきちんと立てて歯と歯の間にはさむのだってややこしいし、それを適当な強さで割り（強過ぎると砕ける）、実だけを口の中に残したのち殻を唇の先端に持っていってプッと吹く。

しかもこれを素早く次から次へ目まぐるしく。

ガムもそうだがヒマワリも、これをやることによって緊張した気持ちをリラックスさせ、心拍数を安定させる効果があるという説もある。

逆に、緊張感を切らさない効果もあるという。

ガムの場合が緊張感の緩和であり、ヒマワリの種の場合が緊張感の持続ということなのか。

スポーツと緊張感は切っても切れない関係にある。

だとすれば、野球以外の他のスポーツでも、この〝ガム＆ヒマワリ効果〟を採用してもいいはず。

何しろスポーツに欠くことのできない緊張の持続と緩和の両方に効くのだから取り入れないほうがおかしいということになる。

はずなのだが、なぜかどのスポーツもこれを取り入れない。

同じ野球であるのに高校野球では取り入れない。

日本のプロ野球でも、取り入れている人もいることはいるが少数である。

土俵の下にいる
親方衆の
大騒ぎが
目に見える
ようだ

　なぜなのでしょうね、やっぱり不謹慎ということなのかなー。

真面目にやれ、ということなのかなー。

ぼくはそうは思わないけどなー。

もちろん物理的に不可能というスポーツもありますよ。

陸上の１００メートルだとガムを噛んでるどころではない。

ましてや、ときどきヒマワリの種をお口にポイどころではない。

でも、たとえばフィギュアスケート。

いまは引退してしまったけど浅田真央ちゃんが三回転半のあと、氷上を向こうから両手を広げて流麗に流れてきてアップになった顔の口元にかすかなガムを嚙む動き、なんての、素敵じゃないですか。

ぜんぜん不謹慎じゃないじゃないですか。

でもやっぱりダメだろうなあ、特にお年寄りはガムに厳しいからなー。

スポーツ用のガムも
ASSIST
ガムで瞬発力をチャージ
ロッテから

サラリーマンだってダメでしょう。ガムを嚙み嚙み仕事をしていたら、たちまち課長が飛んでくる。

スポーツの中でも、特に日本古来の伝統のスポーツ、剣道、柔道あたりはガムに厳しいはずだ。

でも剣道だったら、面をかぶってるからガムを嚙んでいても外からはわからないのでやってもいいんじゃないかな。

考えてみると、剣道とガム、まさにぴったりだと思うな。

静と動、動と静、緊張だけではうまくいかないし、緩和も必要、そのときのガム。

ただし剣道の場合はガムだけで、ヒマワリのほうは向いてないな。

何しろ面をかぶっているので口の中に放り込むことができない。
ここで急にガムもヒマワリも両方いけるスポーツを思い出した。
このスポーツなら両方いける。
しかも日本古来の伝統を誇るスポーツ。
相撲である。
相撲はスポーツか、の論はこの際おいといてください。
考えてみると相撲ぐらいガムが似合うスポーツはないと思う。
ガムを嚙み嚙み蹲踞《そんきょ》、ガムを嚙み嚙み塩、似合うじゃないですか。
ガムだけじゃなくヒマワリもいけます。
もちろんヒマワリの種の殼は土俵周辺にそのままプッと吐く。
箒を持った人が常にそのへんをウロウロしているから大丈夫。

空豆で生ビールを

ビアホールに行く。
席に座る。
とりあえず生ビールを注文する。
大中小とあるのでとりあえず中を注文する。
つまみとしてとりあえず枝豆を注文する。
ここまではほとんど本能で動いている。
とりあえず、という本能。
ビール好きにはとりあえずという本能が備わっているのだ。
〝とりあえず本能〟をとりあえず満たしたのでホッとして改めてメニューを手に取る。
空豆がある。

空豆ときたか……とアゴに手をやりそのあたりをしきりになでる。

ビールに空豆、わるかろうはずがない。

空豆の姿かたちがたちまち頭に浮かんでくる。

いい奴なんだよナ、こう平べったくて、好ましい厚みがあって、全体がなだらかな曲線で、性格明るいし、人柄も良さそうだし、豆のまん中のところに黒い筋があって、全体が緑色の中の突然の黒、この黒が鮮やかでデザイン的にも優れたポイントになっているんだよネ。

心が少しずつ空豆に惹かれて

いく。

だが、ここでようやく理性が目をさます。

すでに枝豆を注文してあるのだ。

これから空豆を注文すると、ビールのつまみに枝豆と空豆。

豆がダブっている。

アゴをなでる手が忙しくなっている。

ダブったっていいじゃないか。

枝豆でビールというのはいかにもおとうさんの晩酌風でどこか侘しく貧乏くさいところがある。

そこに空豆を参加させる。

何しろ空豆は性格明るいし、愛嬌あるし、カラダも豊満だし、それまで貧乏くさかったテーブルが急に陽気になるし賑やかになる。

いつのまにかすでに注文してある枝豆をうとましく思い始めている。

枝豆が元カノで、これから注文しようとしている空豆が次カノという考え方になっている。できることなら元カノと手を切りたいと思う。

でも枝豆はすでに注文してあるので、手を切るといろいろと面倒なことになる。

モテているわけではないのに、元カノと次カノに囲まれているような気になってきて、

「困ったナ」

なんて目尻を下げて困っている。

それにしても……と思う。

次カノの何と魅力的であることか。

あのチャーミングなボディライン。

そしてあの突然の黒い筋。

空豆のあの黒をフンドシなどと呼ぶ人もいるがとんでもない話だ。

次カノということはすなわち次のカノジョ。

女性がフンドシを締めるはずがないではないか。

空豆を見てあの黒い筋に興味を持つ人はどのぐらいいるのだろうか。みんな空豆とはもともとそういうものだと思い込んでいるから黒い筋に目を向ける人は少ないはずだ。

と思っていたのだが、実はとんでもない人が目を向けていた。

海を渡ってドイツ国、かの国のかのグリム兄弟が空豆の黒い筋に目をつけていた。

目をつけて一篇の童話を書き上げていた。

題して「わらと炭とそら豆」。

内容を書こうとすると、あまりに長過ぎてここには書ききれないので要点だけ書くと、グリム兄弟はあの黒い筋を糸に見たてている。

仕立て屋が黒い糸を使って縫ってくれたものということになっている。話がどうしても長くなってしまうくらいグリム兄弟は空豆の黒い筋に興味を持ったということになる。

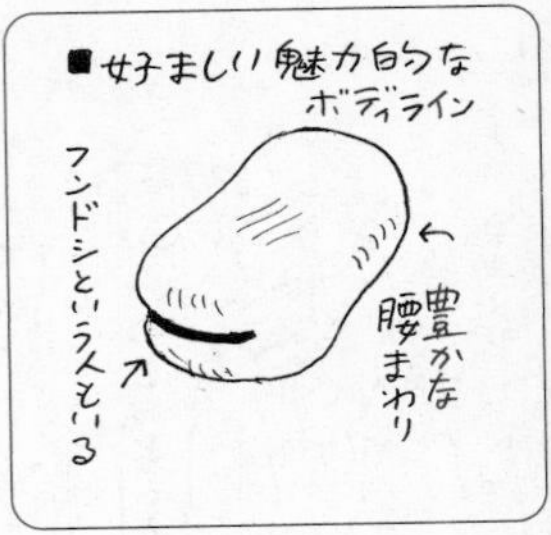
■好ましい魅力的なボディライン
豊かな腰まわり
フンドシという人もいる

それにしても……と、ここで目下直面している現実の問題を思い出す。

元カノと次カノの問題である。

次カノ（空豆）を注文することになるとどうしても元カノ（枝豆）が邪魔になる。

手を切るにはあまりに多くの手続きが必要になる。

しかし次カノの魅力はあまりに大きい。長い長い煩悶ののち、ついに決断は下された。

両方でいく、という決断である。

新たに空豆を注文して、枝豆と空豆の両方をつまみとしてビールを飲む、という方針である。

枝豆でビールを飲んでいるところへ新たに空豆が加わった。元カノと次カノが同居するのである。

ることになった。元カノの皿と次カノの皿が隣り合って並んでいる。

まず枝豆を口にする。

そのあと空豆という順序になる。

カレ（自分）としてはうしろめたい気持ちがあるから、どうしても元カノに気をつかうことになる。

そうやって元カノに義理を果たしておいてから次カノに手を出す。

元カノの目の前であるから、どうしたってコソコソという感じになる。

そのあと急いで元カノに戻る。

そのうち元カノのスキを見て大急ぎで次カノに手を出すという、胸がドキドキするような浅ましい行為をするようになっていくのだった。人目には、枝豆と空豆の両方をつまみにして生ビールを飲んでいる人は、

「何て余裕のある人！」

と映るかもしれない。

「元カノと次カノの両方を抱え込んでいるなんて、何て羨ましい人！」

と思うかもしれない。

だが内実は、あっちに気をつかい、こっちに気をつかい、ヘトヘトになっている気の毒な人、なのであった。

コーンフレークの謎

ある食べ物が頭に浮かんだとたん無性に食べたくなる物がある。

いっぱいある。

この場合の無性とは、矢も盾もたまらず、ということであり、その感情を抑えきれない、ということでもある。

広辞苑には【自制心がなくなり正体を失うさま】とある。

広辞苑はもともと不偏不党、公明正大、自制の利いた表現をモットーにしているはずだが、【正体を失う】はいくらなんでも言い過ぎではないか。

頭に浮かんだとたん無性に食べたくなる食べ物の代表はラーメンだと思うが、ラーメンが頭に浮かんだとたん正体を失う人いるか？

正体を失うとは、気を失うとか、気絶することでもあるが、ラーメンが頭に浮かんだ

とたん気絶する人いるか？

卒倒して倒れる人いるか？

広辞苑に自制をうながしておいて話を進める。

その逆のもの、すなわち、ある食べ物が頭に浮かんでも気絶も卒倒もしないし、極めて冷静でいられる食べ物。

コンニャクなどはそっち系だと思うがもっと冷静でいられる物。

コーンフレーク。

コーンフレークが頭に浮かんだとたん無性に食べたくなる人というのはいるだろうか。

何といっても無味乾燥。

全くの無味ではないが有味を

避けようとする傾向がある。

コーンフレークの開発者ケロッグ兄弟は、無味か砂糖添加かでケンカ別れしたというくらいだから、無味の伝統はいまだに尾を引いていると考えられる。

とりあえず無味、そして乾燥。

世間で美味といわれているものはほぼ有味である。

そしてほぼ有湿である。

有味有湿対無味乾燥。

無味乾燥に到底勝ち目はない。

だけどスーパーに行くと、コーンフレーク系の食べ物がズラリと並んでいる。大盛況なのだ。

コーンフレーク、シリアル、グラノーラ、オートミール……。

これらの食べ物を愛好する人がいっぱいいる、ということになる。

日本ばかりでなく世界中にいっぱいいる。コーンフレーク系は食品界の一大産業となっているのだ。

この謎、この不思議。

これをこれから解いていかなければならないことになったが、はたして解けるのか。

コーンフレーク系の不利はまだまだいっぱいある。

まず侘しい食事としてまっ先に取り上げられる。

おいしい食べ方もないしおいしい料理法もない。

お皿にザラザラ、牛乳をドブドブ、それをスプーンですくってシャボシャボ。

ザラザラ、ドブドブ、シャボシャボ、これ以外の音は発生しない。

食事の音としてあまりに寂しくはないか。

あまりに貧乏くさくないか。

最初から最後までずうっと同じ姿勢。頭下げたっきりでシャボシャボ、そしてシャボシャボ、続けてシャボシャボ、再びシャボシャボ。

貧にして粗、寂にして孤。

コーンフレークの食事には湯気が伴わない。

乾燥したものに冷蔵庫から出した牛乳ドブドブだから湯気の立ちようがない。

おいしい食事に湯気はつきものである。

湯気が伴ってこそ「さあ、食事!」という気分になる。

形はどうか。

ゴミ屑にしか見えない。

デザインということを考えて作ったとはとても思えない。

もちろん作るほうもデザインのことを考えてはいないが、もう少し何とかならなかったのか。

色も形もどう見ても何かの屑にしか見えない。

またしても広辞苑。

【屑】切れたり砕けたりして廃物となったもの。何の役にも立たないもの。

何もそこまで言わなくてもいいのではないか。

コーンフレークは確かに切れたり砕けたりしているが、何の役にも立たないものは言い過ぎではないか。

再び広辞苑に自制をうながして話を進める。

いまこの原稿を書きながらコーンフレークをポリポリやっていたのだが（ポリポリということは牛乳なしで）、急にあることを思いついて、書かずにはいられない気持ちになったので書くのだが、コーンフレークは明らかに洋食である。

アメリカで発生し、イギリスに渡ってヨーロッパに広まった。

この洋食を和食で食べるというのはどうか。

かけ蕎麦に入れて食べるというのはどうか。

ポテトチップスそばというのがすでに大阪で発生している。

大阪の阪急電鉄の「阪急そば若菜」のメニューに悪びれることなく堂々と載ったという。

この先達がいるので、コーンフレーク蕎麦も悪びれる必要はない。

実際に試してみるとこれがいけるのです。

コーンフレークはやがて軟らかくなって、狸《たぬき》蕎麦的な味わいになる。

ここまで書いてきて、さっき書いたコーンフレークなどという無味乾燥な食べ物がなぜ世界的に普及したのかという命題を解かねばならないということに気がついたのだが、ちょうどいい具合に紙数が尽きたので次の機会に、と言って走って逃げます。

飴の効用

「ここんとこ飴《あめ》なめてないナ」

と急に思った。

目の前に飴の袋があったからだ。

仕事場のテーブルの上に誰かが置き忘れたらしい。

「黒糖黒あめ」と大書してある大袋である。

こうなると手が出るものなんですね、飴というものは。

特になめたいと思ってるわけでもないのに自然に手が出、袋の破れ目に自然に手が突っこまれ、自然に一個取り出し、気がつくといつのまにかしゃぶっている。

しゃぶって何かを期待するわけでもなく、普通に甘くて普通に口の中に収まっていて普通においしい。

ペロペロキャンデー
の場合は絵的に
似合わない

と思う間《ま》もなく、いつかしゃぶっていることを忘れて、たとえば新聞とか読み始めるとそっちに熱中し、フムフム、55歳年下の妻（紀州のドン・ファン氏）というのはもともとムリがあるんだよナ、などと思っているうちに口の中の飴のことはすっかり忘れ、しかし、ふと転がしてみるとちゃんと甘く、ちゃんと飴の味がし、しかしそのうちちゃんと飴のことを忘れて他のことに熱中していたりする。この出たり引っ込んだりこそが飴の得意とするところなのだ。

用がないときは口の中で大人しくしている。

だがいったんお声が掛かればアッというまに姿を現して用を済ませ、再び姿を消す。

これが先祖代々飴家に伝わる家訓なのである。

丈夫で長持ち、いっぺんに味を出し尽くさず、チビチビ甘く、簡単には甘味のすべてを提供したりしない。

ぼくは一度、一粒の飴は口の中でどのぐらい保《も》つのか時間を測ってみたことがある。

飴の大きさ、硬さにもよるが、実に平均20分。

一種類の食べ物を口に入れてから20分、口の中で独占的地位を保つこと20分、そういう食べ物ってほかにあるでしょうか。

考えれば考えるほど飴って特異な食べ物だということがわかる。

人間もバカではないので、飴の我がまま（20分間の独占）を放っておくようなことはしない。

飴を口中にしたまま いろんなことをしようと試みる。

読書です。

読書は始めから終わりまで熱中しっぱなしということはない。ときどきダレる。

そういうとき、それを待っていたかのように口の中で飴玉が転がる。

本人が無意識に転がした部分もあることはあるのだがそのへんは阿吽《あうん》の呼吸。

飴玉転がれば甘い味。

甘い味がすればどうしたってそっちに気が向く。

気は向いたものの、飴には飴家の家訓があるから大歓迎してじゃんじゃん甘味の大放出をしたりしない。

チビチビ。小出し。

チビチビ、小出しは人を熱中させない。

すぐ飽きる。

すぐ飽きて読書に戻る。

アメ
実際にはどういう言葉づかいになるのか

この繰り返しによって読書の楽しさが倍増する。

ここで大切なことは、読書のときの飴は飴玉に限る、ということである。それも硬目の飴玉。

飴にもいろいろ種類があって、飴玉に始まってドロップ、キャラメル、ペロペロキャンデー、水飴、綿飴、金太郎飴、千歳飴、迷い出したらきりがないが、たとえば水飴は読書に向かない。

本の頁を閉じてまず水飴のビンのフタを取らなければならない。

そのあと割り箸で掻き回してからすっと上に上

げて水飴が垂れ終わるのをじっと待たなければならない。

誰でも知っていることだが水飴は垂れ終わるのに時間がかかる。

そのとき、つい油断してその一滴がズボンの上に落ちることも考えられる。

そうなってくると読書中なのにズボンを脱ぐことになり洗い場に走って行くことになる。

キャラメルのたぐいも読書に向かない。

口の中の持続時間があまりに短く、包装紙を剝いては口に入れ、また剝いては口に入れるのに忙しく、文字を読む時間がない。

ペロペロキャンデーも読書に向かない。

風景的にペロペロキャンデーは読書に向いてない。

綿飴も同様である。

ここまで飴の効用をあれこれ述べてきた。

もっぱら食べ物としての効用を述べてきたのだが、食べ物としてではない使い道もあるということはあまり知られていない。

関東ではあまり流行《はや》ってないようだが関西の人、特に大阪のおばちゃんたちは早くからそのことに気づいていた。

　飴を社交の道具として用いる。

　大阪のおばちゃんたちは、ハンドバッグに常に飴をたくさん用意しておいて誰かれとなくこれを配って交流のきっかけにするという。

　聞くところによると、交差点で信号待ちをしていてたまたま隣り合った人に飴を差し出し、

「一粒どーだす？」

　なのか、

「なめてんか？」

　なのかくわしい言い方はわからないが、そういう意味のことを言って差し出すと相手は、

「おおきに」

　かどうか知らないが気軽に受けとってたちまち友だちになるという。この場合も必ず飴玉でなくてはならず、水飴だとかなり厄介なことになって信号に間に合わなくなるおそれがある。

ざんねんなサクランボ

人には持って生まれた人柄というものがある。

これはもう、持って生まれたとしか言いようがないもので、努力とか精進とか、そういうもので何とかなるものではない。

人柄はひと目でわかる。

見るからに明るい人、見るからに暗い人、見るからに何か陰謀をたくらんでいそうな人、人柄は「ひと目」で露顕する。

人間に人柄があるように、果物にも〝果物柄〟がある。

これまたひと目でわかる。

見るからに人柄が良さそうな果物、見るからに意地の悪そうな果物。

サクランボは見るからに人柄が良さそうだし、イチジクは見るからにぐじぐじしてい

サクランボはサクランボだけど
サクランボ缶詰

て意地が悪そうだ。

サクランボは性格が明るい。

そこにいるだけで、たとえば白い皿に一粒置いてあるだけで、周囲の人を明るい気持ちにさせる。

まん丸で、可愛らしく、清楚で可憐。

鮮紅色の輝きは初夏のルビー。

そして程のよい大きさ。

その程のよい大きさに見合う程のよい長さの柄。

もしサクランボがトマトぐらいの大きさだったら、その大きさに長い柄が付いているとしたら。

サクランボはまん丸くて小さ

いところが可愛い。
これは断言できる。
そして清純である。
これも断言できる。
無垢という言葉も当てはまる。
これも断言できる。
そして優雅である。
これも断言できる。
どんどん断言できる。
どんどん断言できるほどサクランボは性格がわかりやすい。
小さくてまん丸、という形がサクランボのわかりやすさの源泉である。
バナナと比べるとそのへんの事情がよくわかる。
バナナのあの長い形を見ると、とたんに性格がわからなくなる。
バナナはどういう人柄なのか。
人柄はいいのか悪いのか、明るい性格なのか暗い性格なのか。
そしてこれはあまり指摘されないことなのだが、サクランボには気品がある。
そして神秘も感じる。

気品と神秘、サクランボにこれを見出したのが浜口陽三という銅版画家である。

浜口陽三のサクランボの銅版画を見ると、あー、そうだったんだ、サクランボはこういうものも備えていたんだということがよくわかる。サクランボに陰口をきく人はいない。

諸人《もろびと》こぞってサクランボを愛《め》で、誉めたたえチヤホヤする。

好位置に付けている、という表現があるが、サクランボはまさに果物界の好位置に付けている。

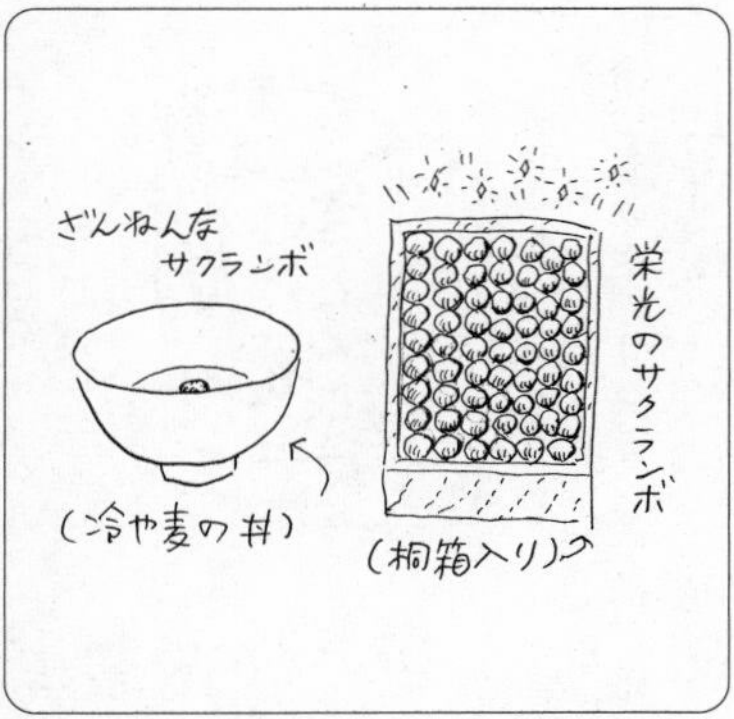

表《おもて》あれば陰あり。

物事には裏と表がある。

表でウケに入っているサクランボあれば、その陰で泣いているサクランボあり。

缶詰のサクランボである。

あー、アレね、と、世間は急に冷たい口調になる。

お蕎麦屋さんの冷や麦に缶詰のミカンといっしょに浮いてるまっ赤なサクランボだろ、と、急に軽蔑した言い方になる。

あのサクランボってさ、よく考えてみると冷や麦と何の縁故もないんだよナ、茗荷とか紫蘇とかなら季節的なつながりを感じるけど、何しろいきなりまっ赤なサクランボだろ、突然あそこに居座ってるわけだろ、しかもエラソーに、と、どんどん冷たくなる。

あのサクランボは世間的に反感を買っている様子さえうかがえる。

どういう理由でキミはそこに居るのか。

冷や麦の中のサクランボは、確かにエラソーにしているようにも見えるが居心地が悪そうにも見える。

きまりが悪そうにしている、と見る人もいる。

冷や麦の具仲間の評判もよくないらしい。

あそこにただ浮かんでるだけで、けっこういい給料もらってるらしいよ、と言われているらしいのだ。

蕎麦屋の冷や麦には、サクランボといっしょに缶詰のミカンやスイカの小片などが浮いていて、確かにミカンやスイカよりは給料はいいらしい。

だけどあそこにああやって浮いているのはけっこうつらいらしい。

何といっても実態はお飾り。

そのことは本人もよく自覚している。

その証拠にあのサクランボを食べる人はいない。

客が帰ったあとのテーブルの上の冷や麦の丼の底には、いつだって取り残されている赤いサクランボ。

その表情から無念の思いが伝わってくる。

缶詰でないほうのサクランボのあの栄光を思うとき、冷や麦のサクランボの悲哀は胸にせまってくるものがある。

つまり冷や麦のサクランボは一種の天下り族と考えられる。

それもあんまりいいところには天下れなかった天下り族。

何しろ蕎麦屋の冷や麦に天下ったわけだから、財務省の局長あたりの天下り先から考えたら相当みじめ。

いい大学（偏差値の高いサクランボ大学）を出ているのに蕎麦屋に天下り。

最近「ざんねんないきもの事典」という本が評判になっている。

このシリーズの「はじめに」というページに「この本では『ざんねん』というちょっと変わった視点から生き物たちの姿を紹介します」とある。

「ざんねんなサクランボ」のお話でした。

豆大福の豆だけ食べたい

この数年サバの缶詰が脚光を浴びている。

テレビの料理番組でも幾度となく取り上げられていて、サンマの缶詰やイワシの缶詰と共に貧乏の象徴だったあのサバの缶詰がいまやスター扱いなのだ。

サバ缶はぼくにとっては困窮の象徴だった。

下宿時代は朝も昼も夜も、サバ缶かイワシ缶かサンマ缶のいずれかという缶詰まみれの生活を送っていた。

サバ缶といえば下宿の破れ畳、せんべい布団、共同炊事場を思い出すという貧にして乏、困にして窮のシンボルであった。

破れ畳に新聞紙を広げて食卓代わりとし、缶切りでキコキコ開けたサバの缶詰が唯一のおかずだった。

最初から皮ってのはダメなわけ
一度ちゃんとしたドラ焼きになったあとそれをはがしたのじゃないと
ドラ焼きの皮だけ食べたい人
（アンコは要らない人）

その貧の盟友に急に光が当たったのだ。

いまやサバ缶カレー、サバ缶サンドイッチ、サバ缶パスタ、サバ缶リエットなどなど各方面に進出し、中には「サヴァ缶」などと称する驕《おご》り昂《たかぶ》った連中さえいる。

苦労を共にした旧友に光が当たって、ぼくとしてはとても嬉しいような、とても妬ましいような、とても複雑な気持ちである。

サバの缶詰は、切り身が二つ入っている場合が多い。

切り身には上半身と下半身がある。

ぼくはどちらかというと上半身のお腹側のファンで背中側はあまり好きじゃない。お腹側と背中側でははっきり味が違う。

お腹側は身《み》というよりほとんど皮で、ビロビロと脂肪に富んでいて缶詰のツユをたくさん含んでビロビロとおいしい。

下宿時代はこのツユを含んだビロビロにちょっぴりお醬油をかけ、ゴハンにのせてビロビロとかき込むと、あー、もー、これ以上の幸せはこの世にない、とさえ思ったものだった。

それに比べると背中側はそれほどでもない。

脂肪も少なく何となくパサパサしていて肉質も締まっていて味も薄い。

サバ缶を食べるときいつも思う。

お腹側だけだといいな、背中側要らないな、と。

そこでぼくは考えた。

「サバの水煮お腹の部分だけ缶」というのを売り出してくれたらいいのにな。

もちろんこういうことも考えた。そんなことをしたら、サバの背中側が大量に残ってしまって、缶詰会社にはサバの背中の山があちこちに出来てしまってどうしてくれるんだ。

大丈夫、こういう例があります。

塩鮭の皮です。

塩鮭の皮はテレビの番組でも、あ、またやってる、と思うぐらい何回も取り上げられていて、鮭の皮は絶対食べない、という人と、絶対食べる、という人にいつも分かれる。

世の中よくしたもので、サバ缶のサバもこの二極に分かれる、はず。部分食い、というのかな、その食べ物の一部分だけ食べたい、という欲求は誰にでもあるものなのです。

「タコ焼きのタコの部分だけ」という商品があったらいいなと思う。

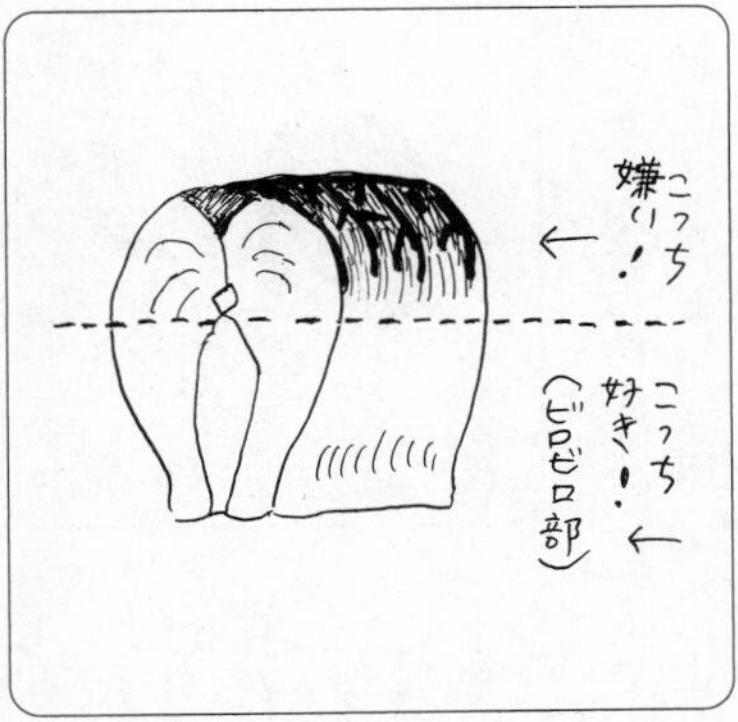

だったらタコ焼きのタコブツを炒めて売り出せばいいんじゃないの、という人が出てくるが、それじゃダメなんです。

あくまで、いっぺんタコ焼きになったタコでなくてはならないのです。

だから製品として売り出すとすれば、いっぺんタコ焼きを作り、その中からタコをほじくり出して数を揃えて袋に詰めて売り出すという段取りになる。

ややこしいけどそれ以外の方法はありません。

そりゃあもう、はっきり味が違うはずです、タコブツを炒めたタコの味と、タコ焼きからほじく

り出したタコとでは。

話がどんどんややこしい方向に向かってしまって申しわけない気持ちになってはいるのだが、豆大福の豆ね、あの豆だけほじって食べたい。あるとき、豆大福を買ってきて食べていたら、ということは当然、豆大福本体と豆をいっしょに食べていたことになるが、そうしたら、この豆だけを食べてみたいという欲求が急に湧きあがってきたのです。

そこで一粒、ほじくり出して豆だけ食べてみたら、これがなかなか魅力的な味だったんです。

そこで思いました。

この豆だけほじくり出して袋に詰めて売り出してくれたら嬉しいんだけどな。

これだって大変なことになりますよ。ほじくり出したあとの大福はどうなる。ほじくり出した穴だらけの大福餅をどう始末する。

そういうふうに考えていくと、こうした〝部分もの〟の製品はまだまだいくらでもある。

天ぷらの掻き揚げの中の小さなエビ、あれだって、あれだけほじくり出して食べてみたいじゃないですか。

ほじくり出して袋に詰めたのを売り出して欲しいじゃないですか。

もちろんエビを炒めただけじゃダメですよ。

いっぺん掻き揚げになった経歴を持ったエビじゃないと。

これまたエビをほじくり出したあとの掻き揚げ問題が生じるわけだが、ことが掻き揚げとなると豆大福のときよりややこしくなるはず。

おでんの種に袋というのがありますね、あれの袋だけ食べたい、中身は要らない、ということになったらどうなるか。

おでんの鍋の中にあの複雑な中身がバラバラになって浮遊することになるが、その始末をどうするか。

心はやたけにはやれども

近ごろ都《みやこ》に流行るもの。

すでにある食べ物にチーズを加える、という現象。

それもとろーりチーズを。

ハンバーグにとろーりチーズ。

オムレツにとろーりチーズ。

カレーにとろーりチーズ。

パスタにとろーりチーズ。

チーズをとろーっとさせてのっけさえすればどんな料理もグレードアップ、味もワンランクアップという風潮がある。

アツアツのハンバーグにチーズをのせ、それが熱で溶けてとろーっと伸びて垂れ下が

スマホで撮って
みんなに回して
みんなと
いっしょに
不安を
まぎらせた
という
説はどうか
トローリ

ると、もうそれだけで「おいしそう」ということになり、ただちにスマホを取り出してその垂れぐあいを撮る。

インスタ映えがするんですね、チーズが垂れる様子は。

いまでは逆に、創作料理コンテストなどでは、

「何にでもチーズをのせてとろーっとさせればウケると思ったら大間違い」

と怒る審査員の先生もいる。

ＮＨＫのチコちゃんも、

「何にでもチーズのせて喜んでボーッと生きてんじゃねーよ」

と怒っているらしい。

これまでのチーズは大人しく

していた。

ビールのつまみのチーズのセットとか、サンドイッチに挟まれてじーっとしているチーズとか。

ピザが流行り始めたあたりからチーズがとろーっとしてきた。

そしていまやとろーり全盛。

いまやチーズといえばとろーりが鉄板。

お笑いの世界でも鉄板はある。

鉄板ギャグと言われているもの。

何か一個鉄板ギャグを持っていれば一生食いっぱぐれがない場合さえある。

たけしのコマネチ。

いくら何でもコマネチはもう古いだろ、と思うだろうが、たけしの物真似をする芸人が一番最後にコマネチをやるとドッとウケる。

谷啓の「ガチョーン」。

加藤茶の「ちょっとだけよ」。

チーズの「とろーり」。

チーズもこの「とろーり」でもう一生食いっぱぐれがない。

「とろーり」が鉄板の食べ物は、チーズのほかにもう一つある。

半熟卵である。

半熟卵をカチンと割ると、黄色い黄身をまん中にした中身がとろーっと出てくる。

出てくるときの様子が好ましい。

生卵だと身もフタもなくダラーッと落下するだけだが、半熟卵の場合はおそるおそる出てくる。

辺りの様子を窺《うかが》うように、殻の奥からゆっくり出てきてとろーりと落ちる。

ここのところにすでに風情がある。

満を持して出てきたというヨロコビを感じる。

半熟卵もまたとろーりチーズと同様いまや時代の寵児である。

いろんな料理にのっかって出てくる。

まずラーメンで世に出た。

それからというもの、メンチカツ、ハンバーグ、オムレツ、グラタン、パスタ……。

半熟卵のとろーりには二段構えのヨロコビがある。

まずとろーりのときのいじらしい様子を鑑賞す

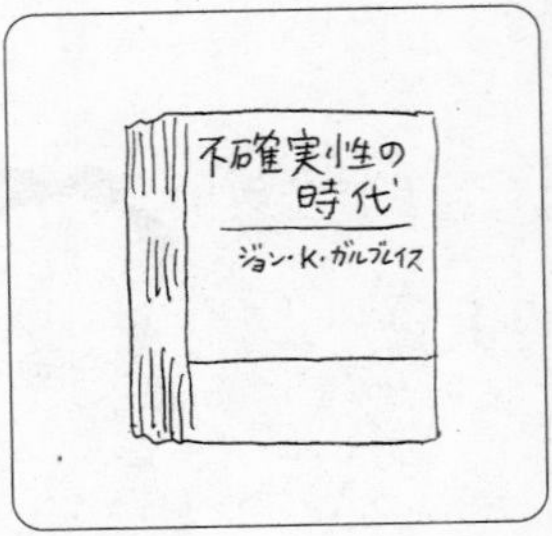

るヨロコビ。

次に、まん中に位置している黄身を突き破るヨロコビ。

黄身がドロッと破れて急に自由の身になって各方面に広がっていく様子もなかなか好ましい。

ひと昔前は半熟卵ではなく目玉焼きだった。

何にでも目玉焼きがのっかって出てきた時代があった。

目玉焼きの時代から半熟卵の時代へ。

固まってるチーズからとろーりチーズの時代へ。

われわれはこの二つの事実から一つのことを学ばなければならない。

「エ？　何それ？」などとうろたえていると、またしても、

「ボーッと生きてんじゃねーよ」

と、チコちゃんに怒られる。

「確実性の時代から不確実性の時代へ」という一つの事実である。

ガルブレイスは１９７８年に「目玉焼きの時代から半熟卵の時代へ」「固まってるチーズからとろーりチーズの時代へ」をすでに予見していたのだ。

解説するとこうなります。

目玉焼きはゆるぎなく確立している。半熟卵は揺らぐが目玉焼きは揺らがない。揺ら

ぐものは安定しないし、崩壊を招きやすい。

とろーりチーズと固まってるチーズの関係も同様。

固まってるチーズは揺らがないがとろーりチーズは揺らぐ。

人々の心の変遷が、そのまま食べ物の嗜好の変遷につながっていたのだ。

ひと昔前の目玉焼き（含固まってるチーズ）の時代、就職しようとしている人は大きな会社を選んだ。

大きな会社はまず潰れない。

大きな会社に就職すれば一生安泰だった。

誰もがそう思っていたし、また実際にその通りだった。

確実性の時代だったのだ。

現状はどうか。

大きな会社がどんどん経営危機に陥っている。

大きな会社に就職したからといって安心はできない。

安定しているものなどどこにもない時代になったのだ。

人々は揺らぐ目玉焼き、揺らぐチーズを見、それを食べ、それを撮り、それをみんなに送り、不安を分かち合い、みんなで安心しようとやたけになっているのだ、という見方はどうか。

タコさん偉くなる

まさに寝耳に水。

「タコ急騰」

「タコの価格が鰻のぼり」

の記事。

「スーパーなどで売られている刺身用蒸しダコの原料となるアフリカ産冷凍タコの輸入価格が急騰し、庶民の味として親しまれているタコが『高級食材』になりつつある」

と産経新聞。

「タコが値上がりしている。アフリカ産のマダコの輸入価格が4月、前年と比べて7割上昇」

と日経新聞。

まさに寝耳にタコ。

まさか、あのタコが高級食材に？

あのタコの「あの」とは、ふだんわれわれ日本人は親しみを込めて、

「この好かんタコ」

とか、寅さん映画には必ずタコ社長が出てきて、

「このタコ！」

と寅さんに言われていて、決して尊敬される存在ではなかったあのタコ。

そのタコがこれから先、だんだん偉くなっていくらしいのだ。

ここへきてなぜ急騰なのか。

原産地（主としてアフリカ）

の不漁、それに加えてヨーロッパ、中国などでの急激な需要の増加が原因だといわれている。

世界的な和食ブームも影響しているらしい。

和食ブームによって、世界中の人が和食の素材の一つ一つに興味を持ち始めたのだ。

これまでわれわれ日本人は、世界的な和食ブームを単純に喜んでいた。

和食ブームにはこうしたマイナス面もあることを、われわれは今回タコの高騰で知ることになった。

そうなのだ。

世界中の人が、これから先、和食の食材の一つ一つに目を付けることになっていくのだ。

目を付けられた食材はたちまち高騰→高級食材への道をたどることになるのだ。

タコの次はイカかもしれない。

何しろタコとイカは「墨の同盟」で結ばれている。

国家間に「血の同盟」があるごとく墨で結ばれた同盟は必ずや同朋を道連れにするはずだ。

サンマもすでに目を付けられて高騰への道をたどりつつある。

こうなってくるとシジミだっていつ目を付けられるかわからない。

特に中国人に目を付けられるのがこわい。中国の人口は13億。一人がシジミを一個食べたとしてもたちまち13億個が消費される。シジミは一個だけ食べるということはまずない。少なくとも一度に5個。たちまち65億個。

われわれはいまや中国人がシジミに目を付けないことを祈るばかりだ。ただ万が一、目を付けられた場合の対応はいまから考えておかなければならない。

「孝行のしたいときには親はなし」

という諺《ことわざ》が日本にはある。

「さればとて墓に布団は着せられず」

と続く。これまで日本人はタコを冷遇してきた。冷遇は言い過ぎかもしれないが、馬鹿にしてきたきらいがある。

タコの遇し方としては、せいぜい「タコぶつ」と「タコ焼き」ぐらいだ。

タコぶつもタコ焼きもどちらかというとB級に所属する。

こんなに偉くなるのなら、もっと手厚く遇しておけばよかった、と思う人は多いだろう。

だが、孝行のしたいときにはすでに偉くなってしまっているのだ。

さればとて、タコに布団は着せられないのだ。

確かにタコにはずいぶん冷たい仕打ちをしてきた。

墨の同盟を引き裂くような処遇ばかりしてきた。

タコとイカとどっちが偉いか。

このことには日本人は明確な答えを出していた。

イカのほうが偉い、という答えである。

舟盛りという料理があります。

この舟には刺身界のエリートたちだけが招待される。

言ってみれば刺身の檜舞台ということができる。

マグロ、鯛、平目、ブリ、イカ、エビ、赤貝、北寄貝《ほっき》、カンパチ、ウニ、イクラ、サバ……ありとあらゆるエリート魚介類に招待状が送られる。

だがタコには招待状が来ない。

なぜか。

舟盛りにタコが混ざっていると、全体の質、品格が落ちる、というのがその理由だ。

出前の寿司の寿司桶にも、イカは入れるがタコは入れないことになっている。

理由は舟盛りと同様である。

すなわちタコは「ちゃんとした刺身」として認めない、というのが刺身当局の見解なのだ。

刺身は専用の刺身包丁で、一切れ一切れ丁寧に慎重に、息をひそめるようにして切っていく。

「刺身の場合は切るとは言いません。引くと言います」

とエラソーに講釈する料理人もいる。なのにタコに限って「ブツ切り」になる。ただ包丁でブツブツと、何の考えもなく乱暴に叩き切っていくだけだ。

もちろん丁寧に「引いた」タコもあることはあるが、そういうタコは料亭のタコであって、われわれが親しくしているのは常に「タコぶつ」である。

タコは今後ますます偉くなっていくであろう。

されど、タコに布団は着せられず。

「アチーズ・ロウ」の日々

毎日毎日こう暑いと頭がボーッとしてくる。

ボーッとすると具体的にどういうことになるかというと、とりあえず頭の働きが低下する。

朝から晩まで出てくる言葉は「アチー」「アチー」ばかり。

ランナーズ・ハイという言葉があって、走り続けてハアハア言ってるうちにだんだん心がハイになっていく状態を言うが、毎日暑くてアチー、アチーと言ってるとアチーズ・ロウになる。

頭の働きが低下して物事の判断が正常ではなくなってくる。

物事の判断がおかしくなってくるとどういうことが起こるか。

猛暑の中を歩いていくとノドが渇く。

そこでとりあえず喫茶店に入ってコーラを注文する。

すると、透明な液体が入ったコップを店の人が持ってきてテーブルに置く。

いいですか、透明な液体ですよ、黒い液体ではありませんよ。

ところがその人はそれを見て、

「うん。注文したものを持ってきてくれた」

と満足し、それを一口飲む。

するとちゃんとコーラの味がする。

「うん、これでいいのだ。すべて世はこともなし」

とその人は大きく頷く。

ここまでのこの文章を読んだ

人は、

「この人は連日の暑さで頭をやられているんだな」

と思い、こんな文章を書いてる人もやられているんだな、と思うはず。

ところが、です。

さっき喫茶店に入って行ってコーラを頼んだ人も、この文章を書いてる人も両方正常な人なのです。

2018年6月11日、黒くないコーラ、透明なコーラが発売されたのです。

驚天動地、前代未聞、全世界震撼、あのまっ黒な飲み物のコカ・コーラが突然、透明になったのです。

ぼくが生まれて初めてコーラに出会ったのは高校生のころで、透明な清涼飲料水といえば三ツ矢サイダーの時代だった。

〝清涼〟と〝透明〟が堅く結びついていた時代だった。

そこへいきなりまっ黒な清涼飲料水。

驚天動地、前代未聞、これは呪いの儀式の飲み物か、と思ったものだった。

あれから何十年。

ようやく黒い清涼飲料水に慣れてきたなと思っていたところへ今度は突如透明に変身。

もう頭はすっかり変。

アチーズ・ロウからアチーズ・ヘンへ。

清涼飲料水の透明化現象はコーラだけではないという。「クリア飲料」と称してクリアコーヒー、クリア紅茶、クリア乳酸菌飲料、クリアノンアルコールビールまである。

琥珀色が売り物のビールが透明。いいのか、そんなことで、と、ぼくとしては怒りたいのだが、すでに発売されているのだからどうすることもできない……が、せめて地団駄ぐらいは踏ませてください。

なぜクリア現象は起きたのか。

コーヒーや紅茶、着色飲料は歯がだんだんその色に染まっていくという懸念が一つ。

オフィシャルニーズとかいうものがもう一つ。

いまの人たちは個人情報に敏感である。

だから人目を気にする。

いま自分が飲んでいるものが何か、ということを人に知られたくない。

ペットボトルで飲むと、それがどういう飲み物かが一目でわかる。

課長が「お～いお茶」あたりを飲んでいれば何も問題がない。

これが「爽健美茶」や「トクホ黒烏龍茶」あたりになると、そこに本人の意図や事情がかいま見えてくる。ルイボスティーだとアンチエージングだナとか、抗酸化だナということも伝わってくる。

朝鮮人参、赤まむしが含まれているものに至っては更に明確になっていく。つまり、飲んでいるものによって個人情報がどんどん流出していく。

カルピスやファンタを若いＯＬが飲んでるぶんには何も問題はない。

だが課長級がカルピスを飲んでいたらどうなるか。

子供っぽい部分が抜けきれない人物、と評価されて課長どまりとなる。

ペットボトルのラベルはいとも簡単にはがせるようになっている。はがして中身が透明であれば、カルピスであろうがファンタであろうがわからなくなる。

透明化の波は飲み物だけでなく、やがて調味料にも押し寄せていく。醤油も透明になる。

醤油が透明になるとどうなるか。

和食の味つけは基本的に醤油であるから、和食全体から醤油色が消える。

蕎麦つゆが透明になる。

かけうどんのつゆも透明になる。

これまで関東の人は関西の人に、

「うどんのつゆがまっ黒。下品」

と、さんざんバカにされてきたが、これから先は文句のつけようがなくなる。

何とかしてバカにしようとして、関東の人のうどんのつゆをじーっと見つめるのだが、いくら見つめても何しろ透明なので味が濃いのか薄いのかどうしてもわからないのでイライラするにちがいない。

ラーメンはどうなるのだろう。

刺身はどうなるのだろう。

などと、へンなことばかり考えるのは、やはり暑さでボーッとなって、アチーズ・ロウになっているせいだと思う。

暑さの夏はヨタヨタ歩き

ここんとこずうっと続いている暑さは尋常ではない。

常軌を逸している。

この世のものとは思えない暑さ。

「危険な暑さ」「命にかかわる暑さ」と表現されるが、実際に死ぬ人が続出しているので決してオーバーな言い方ではない。

テレビは、

「昼までは外出をひかえるように」

「こまめに水を飲むように」

「ためらわずにクーラーをつけるように」

と大きな字でテロップを流し続けている。しかもタテ書きで。

テレビのテロップはふつう横書きなのだが、それがタテ書き。

事態がいかに異常であるかをタテ書きで示そうとしているのだ。

昼ま、カンカン照りの中を外に出て行くとあまりの暑さに頭がクラクラする。

こういう暑さはこれまで「暑さ」と書くことになっていたが、これからは「熱さ」と書かなければならないような暑さ。火で焙《あぶ》られているような熱さ。

いくらテレビに「昼まは外出をひかえるように」と言われても、そういう日にかぎって外出しなければならない用事ができる。

　こういうとき、人間はどういう心理状態になるか。

　まず機嫌がわるくなる。

　出て行く前にすでに不機嫌になっているから、いったん外に出て太陽に照りつけられるといっそう不機嫌になる。

　次に理由のない怒りがこみあげてくる。

　この怒りは遣《や》り場のない怒りであるが「遣り場がない」で済ましたくない。

　何かに八つ当たりしたい。

　ついさっき見たテレビのテロップ、まずこれに八つ当たりする。

　滝のように流れる汗を拭き拭き、「エ？　何だって？　昼まは外出をひかえるようにだって？」

　言われなくたって誰だってひかえてるんだよ。だけど毎日の生活というものはそれじゃ済まないんだよ。

「エ？　何だって？　こまめに水を飲むように？　こまめに、というのが気に入らないな。そういうこまかいところにまで口出しするんじゃないよ」

「エ？　何だって？　ためらわずにクーラーをつけろ？　ためらわずにが余計なんだよ。人んちの家計まで心配してくれなくていいんだよ」

なんか人の心を見透《す》かしたような言い方、許せんっ。

実際に声に出して言ってる。しかもかなり大きな声で。

確かにいますよね、歩きながら汗を拭き拭き声に出してブツブツ言ってる人。

たまに蝶々がヒラヒラと目の前を横切ったりする。

「外出をひかえろってテレビで言ってるだろッ」

と声に出して蝶々を叱りつける。

日除けのないカンカン照りの商店街を歩いて行く。

店舗の前のところに打ち水をしている店がある。

通過するときほんのかすかに涼しい。

あー、この店の主人は思いやりのあるいい人なんだ、と思う。

こういう店は繁盛してほしいな、と思う。

エアコンの室外機が道路側に設置してあって、通り過ぎるとき、ものすごい熱風を顔に吹きつけられる店がある。

「わざとだ」

と思う。

この店の主人が、店の前を通る人の顔めがけてわざと熱風を吹きつけるように、わざと設計して設置したのだ、と思う。

この店の主人が憎い。心の底から憎い。

「出てこいっ」

店の奥に向かって怒鳴りつけたくなる。

いや、もうほんとにそう思う一瞬があるのは事実だ。

何しろ暑さで頭がやられているうえに、自暴自棄にもなっているので、ほんの一瞬本気でそう思う。

真夏の炎熱の中を歩いて行くとき、頼りになるのは日陰である。

白く光る日向の中の、くっきりとした輪郭を持ったまっ黒な日陰。

このときの日陰は、ただの日の陰ではなく黒くて涼しさを伴った物体に見える。

灼熱の陽の光の中から、その黒い物体の中に入って行くときの気持ちは筆舌に尽くしがたい。

はるか向こうに大きい日陰。

その日陰まであと5メートル、4メートル、3メートル……ついに日陰、ああ日陰、これぞ日陰、かたじけなさに涙こぼるるの日陰。

これまでこれほど日陰が有り難いと思ったことがあっただろうか。

そのときの日陰は、何によってできた日陰かを問わない。

樹木によってできた日陰でも、家屋によってできた日陰でも、ゴミ収集の車によってできた日陰でも、日陰なら何でもいい。

就職のときの「経験不問」という言葉があるが、このときの日陰は「経歴不問」である。

電柱の陰であっても有り難い。

幅30センチ、長さ3メートルほどの陰が歩道に沿っている。

わが身の横幅は40センチぐらい、体の両はじが5センチずつ日に当たるが、何のそれしき。

この細長い陰の中に、5秒ぐらいは居られるのだ。

今年の夏の外出は地獄である。

地獄を歩き続けて往復1時間、ようやく帰ってきても怒りは簡単には収まらない。

帰宅してただちにクーラー、ただちに冷蔵庫に直行してアイス。

アイスのスプーンが小さすぎる。

いっぺんに3個食べようとしているのにこのスプーンでは手間がかかりすぎるっ。

最中アイス剝き食いのススメ

「あの人にかかわるとロクなことにならないよ」

と言われる人がいる。

とてもいい人なのだが、その人と交《つ》きあっているといつのまにかトラブルに巻きこまれているという人、確かにいる。

その人に悪気はないのだが、気がついたときには厄介なことになっている、面倒なことが起きている。

食べ物にもそのたぐいのものがある。

最中である。

「最中を食べている最中に客が来て、その客が最中を手土産に持参していたので食べていた最中をあわてて隠そうとし一個踏んづけた」

ジャンボ最中アイスは脱がして食べるにかぎります
脱がした皮

というのはよくあることで、最中にかかわったがために最中一個をダメにするという損害が早くも発生した事例がここにある。

なぜ最中《さいちゅう》が最中《もなか》になったのか。

最中の誕生と歴史については諸説紛々であるが、その紛々をそのまま信用して書くと次のような展開になる。

今を遡《さかのぼ》ること1200年前の平安時代にすでに「最中」という言葉があった。

陰暦十五夜の満月を「最中の月」と言う。

「宮中で月見の宴をしたときに出された白い丸餅が中秋の名月

に似ていたことから源 順《みなもとのしたごう》という人が『今宵ぞ秋の最中なりける』と詠んだ。

それから1000年後の江戸時代、その短歌に因んだ『最中の月』という菓子を江戸吉原の煎餅屋が売り出して今日《こんにち》の最中となった」

このように、もともと最中と縁もゆかりもないこのぼくが、最中とかかわったばかりに最中の歴史を調べなければならないという厄介に巻きこまれているのだから最中の因縁には恐ろしいものがあると言わねばなるまい。

最中の初代として煎餅屋が売り出したときは、糯米《もちごめ》を粉にして水でこね、蒸して焼いたカリッとしたもので、その後、餡を挟んだ最中饅頭が売り出された。

爾来《じらい》、今日に至る500年間、最中は「小豆の餡をカリッとした皮で包んだもの」として世の中に認知されてきた。

世の中は「最中と言えば中味はアンコ」と思い込んで500年。

「最中の皮とアンコは夫婦のようなもの」と認識されて500年。

最中のアンコを夫、皮を妻と考えると、妻はその間ずっと貞節を守ってきた。

悲劇は昭和の時代になって起きた。

最中アイスというものが誕生したのである。

それまで抱えていたアンコを追い出してアイスを迎え入れたのだ。

それまでの日本は「貞女は二夫にまみえず」を美徳としてきた。

その美徳としてきた人々の目の前で、皮としての妻はアイスにまみえたのである。

ここまでは、まあ、仕方のないことである、テレビのワイドショーでも毎度おなじみの話だ、と言ってしまえばそれまでなのだが、問題なのはアイスとまみえた妻が、先夫のアンコともいまだにまみえていることだ。

最中アイスが実在する一方、アンコの最中も広く売られている。

この問題は本来ならば大変なスキャンダルのはずなのだが、世間は少しも騒いでおらず、ワイドショーも取り上げる様子がないので、これでいいのだ、ということらしいのだ。

ぼくとしては、最中アイスが登場したあと、アイスの中に小豆を混ぜた「小豆アイス」というものが登場し、更に「小豆アイス最中」というものが登場したことで、最中の皮としての妻の不倫問題が少しずつ鎮静化していったと理解しているのだが……。

つまり、アンコの大親分たる小豆そのものが現場に乗り出してきて顔を利かせたことによって周りが萎縮した、という解釈である。

いずれにしても最中アイスはいま平和の時代を謳歌しているのだからそっとしておいてあげましょうよ。

そして我々も最中アイスの全盛をいっしょに楽しもうではありませんか。

最近ぼくは次のような楽しみ方を覚えました。

最中アイスの皮を剝《は》いで食べる、という食べ方です。

最中アイスは、その宿命として、アイスと舌がジカに触れる機会がない。アイスと舌の間に常に皮が介在する食べ方になる。

そうなると食べている途中で、

「アイスと舌をジカに触れさせたい」

という欲求が必ず起きる。

特にジャンボ系のものは食べている時間が長いからそうなる。そうなったら皮を剝ぎましょう。

やってみると意外に簡単に剝げます（ちょっと剝きにくいミカンの皮を剝く程度）。

ぼくが愛好している「チョコモナカジャンボ」はタテに3山、ヨコに6山あって全部で18山あるわけですが、このうちの3山だけパキッと割ってハダカにする。

ここで大切なことは、剝いた皮は捨てないで取っておくこと。

そうしておいてハダカになった3山をいっぺんに齧る。

そうすると、オー、ヒャッコイ、アイスってこんなにもヒャッコかったか、と思うほどヒャッコイ。

皮といっしょに食べるとあまりヒャッコくなかったのです。

そのとき取っておいた皮を口に入れる。昔、アイスクリームを喫茶店で注文するとウェハースが付いてきましたよね。あの方式。

ヒャッコさで麻痺した舌が蘇る。

最中アイスの〝剝き食い〟、ぜひ一度ためしてみてください。

バーミヤンで立ち往生

いまさら書くまでもないことだが、この連載コラムのタイトルは「あれも食いたいこれも食いたい」である。

人間の本質をスルドク衝いた秀逸なタイトルである、と言う人もいれば、頭にヒョイと浮かんだことを何の考えもなくそのまま文字にした馬鹿丸出しのタイトルである、と言う人もいる。

ではこういうタイトルはどうか。

「あれも飲みたいこれも飲みたい」

秀逸か丸出しか、という意味では同じだが、そういう思いに駆られるような場所はあるのか。

あるんです。まさにそういう思いに駆られる場所が。

あなたは
介添人
なしで
ドリンク
バーに立ち
向かうこと
ができるか
DRINK BAR
ウーロン
CocaCola
カルピス
オロッ
アイスティー
DRINK

つい先日、ぼくはそういう現場で立ち竦《すく》んでいました。

ファミレスの「バーミヤン」の店内のドリンクバーのカウンター。

ファミレスでは「ドリンクバー」なるものが設置されている。

一定の金額（バーミヤンでは199円・税別）を払えば、そこにあるあらゆる飲み物が飲み放題になる。コーヒー、紅茶、ウーロン茶、日本茶、ジュース、コーラ、ファンタ、健康茶、カルピス、ジンジャーエール、鳳凰水仙茶、ありとあらゆる飲み物が目の前にズラリと並んでいる。

これらの飲み物を目の前にして、あれも飲みたい、これも飲みたいという思いに駆られない人はいるでしょうか。

しかも飲み放題。だが199円。

あれを飲まずにいられようか、これも飲まずにいられようか、というハゲシイ衝動が突きあげてこないわけがないでしょうが。

しかもぼくは、こうしたドリンクバーのカウンターの前に立つのは初体験だったのです。

というのは、ホレ、ぼくはこのところ肝臓を患っていて、アルコールのたぐいはご法度になっている。

つまり、ホレ、これまではファミレスには何回か足を運んではいるものの、飲み物はビールと決まっていてこうしたカウンターには一度だって近寄ったことがなかった。

だが今は、ホレ、こうした場所に縋《すが》るよりほかないわけです。さっきから、ホレ、ホレと言っているのは、そういう事情を知っている人は知っていると思うので、つい、ホレ、と言ってしまっているのです。

何しろ生まれて初めてのドリンクバー。

「はじめてのおつかい」というテレビ番組があるが、ファミレスのドリンクバーのカウンターの前に立ったぼくは、まさにその番組の幼児の心境。

な、な、なにを、ど、ど、どうすればいいのかな。

飛行機の場合は「コーヒーorティー」ということになって二者択一で済むが、ファミレスの場合は「コーヒーに始まってorに次ぐorに次ぐor」。

例えばコーヒーと決めたとしても、ホットかアイスかということになり、ホットだとコーヒーマシンのしかるべき場所にコーヒー用のカップを置かねばならず、目の前にはジュース用のグラスや、ウーロン茶用の急須みたいなものやら、日本茶用の茶碗みたいなものやらがゴチャゴチャと並んでいて、その中からコーヒー用らしいのを選ばなければならず、マシンのボタンを押し続けているとコーヒーが溢れてアッチッチということになるかもしれないので指を離さなければならず、その間合いを計らねばならず、そのあとコーヒー用のミルクと砂糖の小さな容器はどこどこ？　ということになり、あった、あったということになって喜んだりしなければならず、アイスにした場合はアイス用のグラスを探し、見つけ、氷を入れた容器を見つけ、フタを取り、トングはどこだ、と探し、トングを見つけ、氷を三個、いや四個にするか、

と迷い、入れ、そのあと氷の容器にフタをし、氷の入ったグラスにアイスコーヒー用のコーヒーをジャーッと入れる。

ぼくの隣にやってきた頭が禿げかかっているおとうさんは、ツカツカとドリンクバーにやってくると、こっちがひとつひとつマゴつきながらやっていることを、テキパキ、パキテキと済ましてさっさと去っていくのだった。

こういうことを小器用にテキパキと流れるような動きでやるような人は会社では出世は無理だな、などと負けおしみを言いながら、こっちはあくまでマゴマゴ、オロオロ、ノロノロと、ひとつひとつ迷い、逡巡し、考え込み、周辺の人のやり方を注目し、それを参考にしたりして、最終的には野菜ジュース（体によさそう）と鳳凰水仙茶（値段が高そう）を獲得して自分のテーブルに持ち帰ることができた。

さて食べるものは何にするか。

メニューを見る。

炒飯（499円・税別）と餃子（239円・税別）に決定。

卓上の呼びボタンを押してウェイトレスを呼ぶ。

そうだ、その間に餃子のタレをつくっておこう。

餃子用の小皿にお酢を少々。

醬油をタラタラ。

ラー油を三滴。

実にスラスラ、テキパキ。

こっちのほうは長年の経歴で手順に迷いはない。

ついさっき、ドリンクバーでオロオロしていた男とは思えない鮮やかな手さばきである。

餃子を二個食べ、炒飯を半分ぐらい食べ、野菜ジュースを飲み、水仙茶を飲んだ。

バーミヤンの炒飯はおいしい。

餃子もおいしい。

ここで、さて、と立ち上がる。

再び飲み物を確保してくるつもりだ。

苦難の旅へと旅立つのだった。

サンマ二匹定食（傍点筆者）

日本人は毎年必ず一回サンマで騒ぐ。

サンマで騒がなかった年は一度もない。

いわゆる季節物と言われる食べ物はいろいろあって、春の筍から始まって、初鰹、枝豆、スイカ、ブドウ、松茸、牡蠣と続く。

初鰹では少し騒ぐがサンマにゃとても敵《かな》わない。

サンマの場合は騒ぎ方がこまかい。

まず豊漁か不漁か、太ってるか痩せてるか、体格はどうか身長はどうか、脂はのってるかのってないか、元気か不元気か、性格は温厚か温厚でないか、までは言及しないがとにかく情報は細部に及ぶ。

豊漁と聞けばとたんにニッコリし、不漁と聞くと心が鬱《ふさ》ぐ。

手をつけるのは どっちから
ボク 困っちゃう
大根おろしは 別の容器に タップリ
ヒジキ

215　サンマ二匹定食（傍点筆者）

まるでサンマが親戚でもあるかのようにその安否を気づかう。

すでに知っている人も多いと思うが、これから今年（2018年）のサンマ情況を発表します。

今年は大豊漁で獲れすぎて困っているところもあるそうです。ホーラ、急にみんなニッコリしたでしょう。

サンマ大豊漁＝みんなニッコリの法則、というのが日本にはあります。

ここで読者の方々に思い出してほしいことがあります。

ちょうど去年の今ごろ、この連載で「大戸屋でサンマ二匹定食を食べる」という内容の話を書きました。いいですか、サンマ二匹ですよ、傍点筆者ですよ、サンマ定食というものは誰が考えたって皿の上に一匹が普通ですよね、それが二匹（傍点筆者）。

ぼくのこれまでの生涯で、一回の食事でサンマを二匹食べたことは一度だってありません。

それが二匹（くどいので傍点略）。

大戸屋でサンマ二匹定食をやっているというので喜び勇んで食べに行ったら「サンマ不漁につき中止」の貼り紙。

去年は大不漁だったのです。

どれだけ地団駄を踏んだことか。

そして今年の大豊漁。

捲土重来、元気百倍、踊るような足どりで「サンマ二匹定食」を大戸屋に食べに行った一部始終をこれから書こうとしています。

土曜日、天気晴れ、午前十一時半、吉祥寺の駅のそばの大戸屋、店内ほぼ満員、およそ40名、店内ムンムン。

客の全員が「サンマ二匹定食」を食べているはず、と、店員に案内されて席に向かう途中、ずうっと見回していったのだが、何と「サンマ二匹定食」の客ゼロ。

さすが健康食が売りの大戸屋、客が食べているのは「豚バラ肉とたっぷり野菜の豆豉《トウチ》炒め定食」とか、「野菜のせいろ蒸しとたっぷり野菜の麦みそ汁定食」といったものばっかり。

ぼく、イライラ。

注文を取りに来た店員に、

「サンマ二匹定食！」

と二匹のところを声高く、力強く言う。

言ったあと、一匹の定食というのもあるのでちょっと不安になり、

「二匹のほうね、二匹」

と指を二本突き出してヒラヒラ動かす。

サンマ二匹定食来る。

かすかに煙を上げ、お腹のあたりをプスプス言わせながら不朽の名作「サンマ二匹定食」来る。

見る。

詳しく説明します。

四角いトレイの左上方の丸い皿に大きくて体格

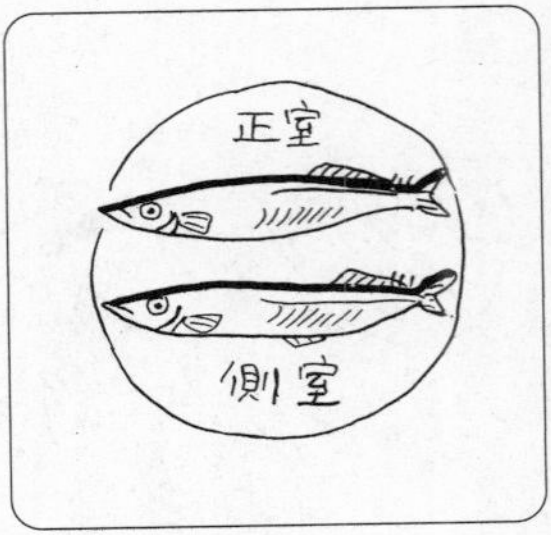

のいいサンマが上下に二匹、その右側に大根おろしの入った小鉢、サンマの皿と大根おろしの小鉢のすぐ下にヒジキの煮たの、そして一番下側の左右にゴハンと味噌汁。大根おろし添え、ではなく大根おろしは別の小鉢、すなわち大根おろしたっぷり。

このあたりに大戸屋の力の入れ具合がわかる。

二匹の体格よし、姿勢よし、脂ののり具合よし、性格よし……はよくわからないが、二匹が醸《かも》し出してる雰囲気がいい。仲が良さそう。

二匹はどういう関係か。

知り合いか、まるきり他人か。

年齢は……不詳。

関係はわからないがとにかく二匹。二匹ということは、考えようによっては、これはあくまで考えようによってではあるが「正室と側室をいっぺんに囲った」という考え方もできないことではない。

大戸屋のサンマ二匹定食は１３８０円（税込み）だが、１３８０円で正室と側室を囲うことができたのだ。

囲う、という語感がいーなー（サンマだけど）。

身分制度から考えれば二匹並んだ上の段が正室ということになる。

世間の常識からいけば、手をつけるのは正室からであろう。

正室の胸のところを広げる。

広げてまずワタをほじる。

ワタの上に大根おろしをケチらないでたっぷりのせて（何しろ小鉢にいっぱい）お醤油をタラタラかけて一口。

急いでゴハンを一口。

そうやってサンマを食べ、ゴハンを食べ、ときには味噌汁をすすりして食べすすんでいったのだが、いつもの定食屋で食べているサンマ定食のときとどこかが違う。いつもの定食屋だと、何しろ一匹なので一匹をやりくりしながら食事を進行させなければならないのだが今日は二匹。

気持ちに余裕がある。

一匹目（正室）を食べ終えてふと丼の中のゴハンを見るとまだ半分。あと半分のゴハンのために、まだ丸々一匹のサンマが待機しているのだ。

金に飽《あ》かせて贅沢をする、という言い方があるが、本日はサンマに飽かせて贅沢。

「力《ちから》カップヌードル」はまだか。

世間が騒いでいるような、騒いでないような、微妙なところがあるが、ことし（2018年）の8月25日は日本でインスタントラーメンが誕生してからちょうど60年にあたるそうだ。

蒼茫60年、茫々60年、ぼくの青春時代はインスタントラーメンの元祖である「日清のチキンラーメン」とともに始まった。

その青春時代の真ん中あたりにカップに入った「カップヌードル」が売り出された。

日清食品は頑固で、売り出した当時と今の製品の姿かたちはほとんど変わっていない。

カップヌードルのフタを開けてみる。

中をのぞく。

環境がよくない。雰囲気が暗い。

ご来臨を仰ぐ
鍋用の薄い餅ではなく本格的なちゃんとした餅

そう言っては失礼だが、何だか屑のようなものばかりがウジャウジャ犇《ひし》めいている。

小さな肉のカタマリのようなもの、卵のかけらのようなもの、ネギの輪切りのようなもの、ここにあるのは〝ようなもの〟ばかりだ。

そして、その〝ようなもの〟たちはすべて干からびている。

その辺一帯が荒涼としている。

もちろん、ここにひとたび熱湯をそそげば、たちまち元気一杯、とまではいかないが、とりあえず元の姿だけは取り戻すことになる。

のだが、食べ物としての精彩

とか溌剌とかを求めるのは無理だ。

インスタント食品の宿命である。

それに加えて、カップヌードルの具たちは全員粒が小さい。

3分で甦るためには大きなカタマリは許されないのだ。

大物のいない不幸、それは日本の政治の世界に似ている。

大物待望論が出てくる所以《ゆえん》である。

たとえば「どん兵衛きつねうどん」のフタを開ければ突如大きな油揚げが目に飛び込んでくる。

これだけでみんなに喜ばしい衝撃を与えるってほどでもないが、ま、一応、よしよし的状況にはなる。

カップヌードルはこのままでいいのか、現状維持でいいのか。

ここで当然のように大物招聘の声が澎湃《ほうはい》として起こってくる。内部に大物がいないので「外部から」ということになる。

餅はどうか、という声が識者の間からあがる。

確かに大物である。

大きさ、厚み、風格、貫禄、威厳、大物に必要な条件をすべて兼ねそなえている。餅はときには神事にも携《たずさ》わるし、そのうえ、そば、うどん業界には力《ちから》うどんという力強い伝統がある。

「そうだ餅いこう」の案は日清食品の総意となり、ぼくの案にも合致するので実現の段取りになっていく（はず）。

とりあえず日清に先駆けてぼくが実行してみることにしました。

幸いなことにカップヌードルの買い置きがある。餅もパック餅の買い置きがある。

ただちに実験開始。

カップヌードルのフタを開け、その上に餅をのせ、熱湯をそそぎ、フタをする。

実験は成功か失敗か。

息づまるような3分。

餅というものは、熱湯に3分ひたっただけで軟らかくなるようなヤワな奴ではない。

とても食べられる軟らかさではない。

ダメだったか。

ここで諦めては安藤百福氏に申しわけが立たない。

氏は失敗につぐ失敗、失意につぐ失意ののちにようやくチキンラーメンを成功させたのだ。

市場調査に出かけた。

スーパーの餅売り場を丹念に調査する。

叩けよさらば開かれん、天は自ら助くる者を助く、あったのです、「熱湯3分で食べられる餅」が謳《うた》い文句の餅が。

「熱湯2分で」という餅さえある。

この「3分」はカップ麺一般の3分と偶然一致する。

そのなかの一つ「山形力もち」（城北麺工KK）というのを買ってくる。この「山形力もち」は「熱湯2分」である。1分もおまけがついているのだ。こういう「3分」とか「2分」で食べられる餅は、ちゃんとした餅ではなくインチキものじゃないのか、とお疑いの諸兄には「本品は粘りの強い国内産水稲もち米100%」の表示で対応したい。ただ一般的なパックの切り餅よりは全体的に小ぶりであることはご容赦ねがいたい。

では早速実行。

かねて用意のもう一個のカップヌードルのフタを開けて2分ものの餅をのせ熱湯をそそぐ。

フタをして3分待つ。

今回は「1分のおまけ」があるので余裕綽々《しやくしやく》、3分経ってフタを開けるときも笑顔泰然。

ウムウム、オー、餅はこのようにのびのびと嬉しそうに伸びる。

そしてこのように歯と歯の間で弾《はず》み、めりこみ、ニッチャリとニチャる。思い返せば、カップヌードルだけを食べていたときの食べ方は単調そのものだった。

始めから終わりまで、ただひたすらズルズル、ズルズルすすり終わってまたズルズル、一息ついてまたズルズルという食べ方だった。

餅入りカップヌードルだとどうなるか。

ズルズルの合間合間に餅のネッチャリのひとときがある。

このひとときが楽しい。愉快だ。

ねっちり、もっちり、にっちゃりのひととき。

カップヌードルの食べ方に厚みが加わった食べ方。

日清食品から、一日も早い「餅入りカップヌードル」の発売を望む。

解説

春風亭一之輔

「缶詰を開けた時に汁が溢れ出ることに対して、人類は何故無力なのかな？」

東海林さだお先生が私に対して、初めて放った言葉です。

場所は朝日新聞東京本社ビルにあるレストラン、アラスカ、だったかな。

時はコロナ禍真っ盛りの令和三年。東海林先生と私がともに連載ページを持つ「週刊朝日」誌上対談のために設けられた一席での出来事でした。

東海林先生と私がコロナ感染防止パネルを挟んで一対一で対峙し、その周りを関係者が密にならないよう取り囲んでじっと見ている、というなんとも不思議な状況。

遠巻きに取り囲むスーツ姿の大人たちはみんな、「コロナ禍に何を思う」というような話を我々に期待していたと思う。

しかし、コロナ下の生活について話を振られても東海林先生は言下に、

「何も変わりません」

レールに乗らないというか、乗せようとすると反対側に歩いて行ってしまう先生。そうして我々は、缶詰の汁について、あるいはマッチ箱やハエ取り紙はどこへいったのか、などの話に終始するのでした。話題はお好きな野球の話になり、「草野球ではショートを守ってます。『遊撃手』の『遊』ってのがいい」という一言が、実に東海林先生らしいな、と思いました。ベースに張り付いて守るのではなく、あちらもこちらも身軽にカバーしつつ、実にゆったりと構えている。東海林さだおを一言で表すと、「遊」。字は違うけれど「自由」にも通じますよね。人を煽ることも、煽られることもしない「平熱の人」でした。

ただ、お会いした時の目が「皿」のよう、というか。

何考えてるのかわからない目ってありますよね、動物でも。いわゆる鋭い目つきではないんです。見透かされてる、と感じるほどわざわざ私を観察しているわけでもない。俯瞰で全体を見ているような、それでいて何も見ていないような。

なんともいえない怖い目でしたね。

対談前に、きっとつかみどころのない、仙人みたいな人なんだろうな、と想像していたら本当にその通りだった。ここまで想像通りだとは思わなかったので、びっくりしました。

それまでの私は、東海林先生の作品とは、やんわりお付き合いしてきたという感じです。というのは、新聞や雑誌を開くと、当然いつもそこに東海林作品があるでしょう。ああ、あるな、と格別に意識することもない。

今回、本書を改めて熟読して、真っ先に考えたのはそこですね。

「いつでもそこにあるのが当たり前だと思ってはダメだな。実家にもいつでも帰れると思っているし、東海林さだおの作品もいつでも読めると思っているけど、こうしていちいち、ちゃんと読んでおかないともったいないな」

本当にそうですよ、皆さん。

そして、共感できるところがたくさんあるのも発見でした。

たとえば、東海林作品においては、食べ物がよく擬人化されますよね。

本書で言えば、かっぱ巻きの話や、ビールのおつまみとしての枝豆と空豆の「元カノ次カノ」問題なんかがそうですね。

私も時々、まくらやラジオで話したりしますが、そこらへんに置いてあるモノはいま何を考えてるんだろう、俺のことどう思ってるんだろう、なんて妄想にふけることがよくあるんですよ。

私はハンバーグが好きです、という人に、

「ハンバーグは君のこと、そうでもないと思う」

と断言してみたりね。

だって、あなたはどういう時にどういう表情で食べるべきだと思っているのか。それくらいの気持ちをもってハンバーグに接しているのか。そんな真剣な気持ちは、どうかするとハンバーグにも伝わるかもしれない。

ハンバーグは生きてない？　いや、生きてるとか生きてないとか関係ない。いつもよりおいしく感じることがあれば、それはハンバーグがより自分を好いてくれているから、つまり二人の気持ちが通じた結果だから。

大事なことは、いつも同じニンジンのつけあわせばかりじゃなくて、工夫してたとえば大根おろしとポン酢にしてみる。この新しいつけあわせで、ハンバーグのテンションもポテンシャルも、ぐっと上がるわけです。

そうなると、一方でハンバーグに添えられた大根おろしの気持ちはどうか。こんなに脂っこいものに添えられるのは、天ぷらに添えられて以来ではないのか。

なんて具合に、検討課題は増える一方なんです。

本書でも取り上げられていますが、食べ物には「置かれてステキな向き」がありますよね。私も焼き魚の置き方が逆だと、イラっとする方です。

そこで、鶏むね肉についてはどう考えるべきなのか。どっちが上、あるいは表なのか。

確かに大きな問題ですよ、これは。

豆大福の豆だけ、ドラ焼きの皮だけ、タコ焼きのタコだけ食べたい。その気持ちもよーくわかります。私はサンマのハラワタが大好きで、あの部分だけチューブに入れて売り出してくれないかな、と夢想しているほどです。アツアツのごはんにちゅーっとかけて食べたい。

そんな私が本書を読めば、共感するより先に「すげえなあ」と、そのレベルの高さに感心します。だって、一定のレベルのものを量産し続けるって大変じゃないですか。新聞漫画を毎日描く人、私はどうかしてると思いますよ。

お会いして、「東海林さだおって実在したんだ」と思ったもん。

ひょっとして「チーム東海林」のような架空の存在かもしれないとすら、ぼんやり思ってましたから。

食べ物についてここまで考え続けることができて、しかもこの期に及んで「芋けんぴを初めて知った」なんて喜んでいるところはかわいいですよね。普通は年齢とともに、腹が満たされれば細かいことや新しいものはどうでもよくなってくるじゃないですか。それと、読んでいるうちに食べたくなっちゃうんですよね。

鶏むね肉、食べたことなかったんですが、コンビニに買いに行っちゃったもの。カリカリ梅なんか大してうまいものじゃないのに、どういうわけか食べたくなる。

葛湯も、ふだん飲みたいなんて一切思わないでしょ。あってもなくてもいいものなんだから。それを、「そうだ葛湯飲もう」を読んで、ついしみじみしたくなって、「うちもどこかにあったな」なんて探しましたよ。

必ずしも「うまい」とか、「これがいいよ」と勧めているわけじゃないんですよね。カリカリ梅なんか、「孤独な食べ物である」と書いてあるだけなんです。いろいろな角度から考えて、「これはこんな切り口からこう見るとステキよ」と取り上げて、読んでる人に生ツバを飲ませる。


あのね、私いいことを思いついたんですよ。

先日、すでに調理して真空パックになっているアジの開き、という珍しいものを頂いたんです。これが頭からしっぽまですべて食べられるという代物。確かに、中骨も鮭の骨みたいにサクサク食べられて、最後に残るのは二つの固い眼玉だけなんです。食べ終わった感想は、

「うん、アジの開きの頭と骨は、別に食わなくてもいいな」

ということでしたけどね。いや、うまいことはうまいんです。でも、食べ終わった後の皿の絵柄的にも、平凡な一日の朝ごはんにはそぐわないというか。

うちの奥さんは、「避難所で食べるのにいい」と言ってました。

きっと日本全国にこういう不思議な食べ物がいっぱいあるんだろうな、と思うんです。NHKの大河ドラマ制作チームのところには、全国から郷土の英雄を取り上げてほしいという陳情が押し寄せて来るんだそうですね。家康でも信長でもない、ワケわかんない人物でも、大河ドラマにすれば面白くなるはずだ、ということで。

東海林先生は、この大河のプロデューサーみたいなものだと思うんです。うまくも何ともない、ワケのわからない食べ物でも、先生が書けば思わず食べたくなる。だから、全国のみなさん、ぜひ東海林先生に取り上げてほしい特産物を売り込んだらどうでしょう。

きっと売れますよ！

（落語家）

〈初出誌〉「週刊朝日」二〇一八年一月五日・十二日号〜十月五日号
（「あれも食いたいこれも食いたい」）。
本文中の価格、名称などは掲載時のものです。
〈単行本〉二〇二〇年十一月　朝日新聞出版刊
〈DTP制作〉エヴリ・シンク

文春文庫

パンダの丸《まる》かじり

定価はカバーに
表示してあります

2023年４月10日　第１刷

著　者　東海林《しようじ》さだお

発行者　大沼貴之

発行所　株式会社 文藝春秋

東京都千代田区紀尾井町 3-23　〒102-8008
ＴＥＬ　03・3265・1211㈹
文藝春秋ホームページ　http://www.bunshun.co.jp

落丁、乱丁本は、お手数ですが小社製作部宛お送り下さい。送料小社負担でお取替致します。

印刷製本・凸版印刷

Printed in Japan
ISBN978-4-16-792033-3

（　）内は解説者。品切の節はご容赦下さい。

ゆで卵の丸かじり
東海林さだお

ゆで卵を食べる時、最初にかぶりつくのは丸い方から？　白身と黄身のバランスから何口で食べ終えるのが正しい？　「食」への好奇心はいまだ衰えず。大人気シリーズ第33弾！（久住昌之）

し-6-83

アンパンの丸かじり
東海林さだお

にぎって、固めて、齧りつく。アンパンの別次元のおいしさに我を忘れ、ある時は「日本国鍋物法」を一人審議する……抱腹絶倒、大人気の「丸かじり」シリーズ第34弾！（重松　清）

し-6-85

レバ刺しの丸かじり
東海林さだお

もう一度アナタに逢いたい！　この世からレバ刺しが消える直前、さだおは走った――ナルトに対する選択肢・柿の種誕生物語・納豆ジャニーズ論など、第35弾も絶好調。（平松洋子）

し-6-87

サンマの丸かじり
東海林さだお

さようなら…。断腸の思いでプツンと頭を切り落とす。フライパン方式が導入されたサンマの悲劇。冷やし中華は「七人の侍」、許されざる太巻き、コンニャクとの関係など。（椎名　誠）

し-6-88

目玉焼きの丸かじり
東海林さだお

パセリの哀れな境遇を嘆き、枝豆の正式な食べ方についてマジメに考察し、つぶアンとこしアンどちらを好むかで人物像に迫る。大人気食エッセイシリーズ第37弾！（姜　尚美）

し-6-90

メンチカツの丸かじり
東海林さだお

団結を深めた肉のミッシリ感。あのサイズには意地と面子《めんつ》がかかっていた！　メンチカツの報われなさ、稲荷ずしの異変を嘆き、角砂糖への恋心を募らせる、シリーズ第38弾。（小宮山雄飛）

し-6-91

シウマイの丸かじり
東海林さだお

牛肉弁当目当てに駅弁大会に突入、買えたのはシウマイ弁当一個…内臓をどう説得するのか!?　海鮮丼の悲劇、複雑な鱈一家、スマホ時代のポテチを憂う、シリーズ第39弾。（たかぎなおこ）

し-6-92

（　）内は解説者。品切の節はご容赦下さい。

東海林さだお
焼き鳥の丸かじり
化粧事情、歯茎が丸見え…「串外しＮＧ」に思う、女性にとっての焼き鳥の串の存在。タンメンはブレず、スーパーレジ行列百景、脂身食いたい、など好評シリーズ第40弾。（荻原　浩）
し-6-94

東海林さだお
バナナの丸かじり
バナナの皮を踏むと本当に滑って転ぶのか体を張って大実験。ひとりあたりの肉の割り振り数をめぐって仲間内で繰り広げられる、焼き肉屋での攻防……シリーズ第41弾！（柄本　佑）
し-6-96

東海林さだお
ショージ君の「料理大好き！」
カツオのたたきならぬ「たたかず」、鉄火丼ならぬ「銀火丼」、「贋北京ダック」などなど、ショージ君が挑む、ユニークな男の料理。たくさんのイラスト入りで紹介した名著復刊。
し-6-84

東海林さだお
猫大好き
なんとも羨ましい猫の生き方研究から内臓と自分の不思議な関係まで。ショージ君が深〜く考える、大好評エッセイシリーズ。南伸坊、パラダイス山元、近藤誠との対談も収録。（壇　蜜）
し-6-89

東海林さだお
ガン入院オロオロ日記
「ガンですね」医師に突然告げられガーンとなったショージ君。病院食・ヨレヨレパジャマ・点滴のガラガラ。四十日の入院生活が始まった！　他、ミリメシ、肉フェスなど。（池内　紀）
し-6-93

東海林さだお
オッパイ入門
パイパイであり乳児の食の源泉でありわけもなく揉んだりするものであり……オッパイに謙虚であらねばならぬ！　中野翠氏との早稲田対談「恥ずかしい、都の西北」も収録。（吉田　類）
し-6-95

東海林さだお
ざんねんな食べ物事典
食べ物に漂う〝ざんねん〟を鋭く見抜いて検証する表題作から、誰も研究しなかった「ラーメン行動学」、インスタントラーメン60年史まで。爆笑必至のエッセイ集。（長田昭二）
し-6-97

（　）内は解説者。品切の節はご容赦下さい。

辰巳芳子
食といのち
母娘2代にわたって日本の風土に適した食を探求してきた料理家が、「食といのち」をめぐり、福岡伸一氏ら各界の第一人者四人と対談。いのちを養う粥、スープのレシピも収録。

た-73-2

高野秀行
辺境メシ
ヤバそうだから食べてみた
カエルの子宮、猿の脳みそ、ゴリラ肉、胎盤餃子……。未知なる「珍食」を求めて、世界を東へ西へ。辺境探検の第一人者である著者が綴った、抱腹絶倒エッセイ！　（サラーム海上）
た-105-1

徳永　圭
ボナペティ！
臆病なシェフと運命のボルシチ
仕事に行き詰った佳恵はある時、臆病ながら腕の立つシェフ見習いの健司と知り合う。仲間の手も借り一念発起してビストロ開店にこぎつけるが次々とトラブルが発生!?　文庫書き下ろし。
と-32-1

中原一歩
小林カツ代伝
私が死んでもレシピは残る
戦後を代表する料理研究家・小林カツ代。「家庭料理のカリスマ」と称された天性の舌はどのように培われたのか。時代を超えて愛される伝説のレシピと共に描く傑作評伝。　（山本益博）
な-81-1

西　加奈子
ごはんぐるり
カイロの卵かけごはんの記憶、「アメちゃん選び」は大阪の遺伝子、ひとり寿司へ挑戦、夢は男子校寮母…幸せな食オンチの美味しオカしい食エッセイ。竹花いち子氏との対談収録。

に-22-4

林　望
イギリスはおいしい
まずいハズのイギリスは美味であった!?　嘘だと思うならご覧あれ――イギリス料理を語りつつ、イギリス文化の香りも味わえる日本エッセイスト・クラブ賞受賞作。文庫版新レセピ付き。

は-14-2

平松洋子
忙しい日でも、おなかは空く。
うちに小さなごちそうがある。それだけで、今日も頑張れる気がした。梅干し番茶、ちぎりかまぼこ……せわしない毎日にもじんわりと沁みる、49皿のエッセイ。　（よしもとばなな）
ひ-20-2

（　）内は解説者。品切の節はご容赦下さい。

平松洋子
食べる私
食べ物について語れば、人間の核心が見えてくる。デーブ・スペクター、ギャル曽根、田部井淳子、宇能鴻一郎、渡部建、樹木希林など29人と平松洋子による豊かな対話集。　（岩下尚史）
ひ-20-9

平松洋子　画・下田昌克
かきバターを神田で
冬の煮卵、かきバター焼定食、山形の肉そば、ひな鳥の素揚げ、ちぎりトマトにニッキコーヒー。世の中の美味しいモノを伝え悶絶させてくれる人気エッセイ、文庫オリジナル。　（堂場瞬一）
ひ-20-10

穂村　弘
君がいない夜のごはん
料理ができず味音痴……という穂村さんが日常の中に見出した「かっこいいおにぎり」や「逆ソムリエ」。独特の感性で綴る「食べ物」に関する58編は噴き出し注意！　（本上まなみ）
ほ-13-4

森下典子
いとしいたべもの
できたてオムライスにケチャップをかけて一口食べた瞬間、懐かしい記憶が甦る――たべものの味には、思い出という薬味がついている。絵と共に綴られた23品の美味しいエッセイ集。
も-27-1

森下典子
こいしいたべもの
母手作りの甘いホットケーキなど、味の記憶をたどると胸いっぱいになった事はありませんか？　心が温まる22品の美味しいカラーイラストエッセイ集。『いとしいたべもの』続編！
も-27-2

米原万里
旅行者の朝食
ロシアのヘンテコな缶詰から幻のトルコ蜜飴まで、古今東西の美味珍味について蘊蓄を傾ける、著者初めてのグルメ・エッセイ集。人は「食べるためにこそ生きる」べし！　（東海林さだお）
よ-21-2

文藝春秋　編
もの食う話
物を食べることには大いなる神秘と驚異が潜んでいる。荷風、百閒、澁澤龍彥、吉行淳之介、筒井康隆ほか、食にまつわる不安と喜び、恐怖と快楽を表現した傑作の数々を収録。　（堀切直人）
編-5-10